La relation d'aide en service social

Collection « Pratiques du champ social »

Collection fondée par Philippe Pitaud et Richard Vercauteren,
dirigée par Philippe Pitaud et Marie-Françoise Dubois-Sacrispeyre

L'évolution et les transformations du champ social et médico-social au cours des dernières décennies ont introduit un ensemble diversifié de paramètres et de données nouvelles, parfois contradictoires, qui ont modifié le cadre général d'intervention ainsi que le jeu des acteurs en présence. Le processus de décentralisation et ses conséquences n'ont fait qu'accentuer la nécessité pour les intervenants sociaux et médico-sociaux, mais également pour les décideurs et les techniciens qui les entourent, de se doter d'outils permettant de comprendre les mécanismes du champ social et médico-social ; ceci afin de rendre leurs pratiques et leurs décisions plus efficaces. Cette nouvelle collection vise à fournir des éléments de connaissance et d'interprétation de la réalité sociale et médico-sociale, tout en explorant les champs du possible, à travers des ouvrages courts, synthétiques, réalisés par des praticiens-chercheurs soucieux avant toute chose de renvoyer vers la société civile les effets induits de leur engagement et de leur réflexion.

Voir la liste des titres déjà parus en fin d'ouvrage.

Anne-Marie Bernard, Josette Demmou,
Véronica Gargan, Michèle Girardet,
Geneviève Jolicœur, Charlotte Périé

La relation d'aide en service social

Pratiques du champ social

érès

Les assistants de services sociaux qui ont participé à cet écrit sont au nombre de neuf. Trois d'entre eux nous ont confié leur texte : Joëlle Cazaux, Jérome Cerisier, Anne Springfield. Six ont constitué un groupe de travail et ont élaboré ce livre : Anne-Marie Bernard, Josette Demmou, Véronica Gargan, Michèle Girardet, Geneviève Jolicœur, Charlotte Perié

Conception de la couverture :
Anne Hébert

ISBN : 978-2-7492-1168-8
ME - 11-4-4-15

33, avenue Marcel-Dassault
31500 Toulouse
www.editions-eres.com

« Nul ne peut avoir de lien
Avec son prochain
S'il ne l'a d'abord avec lui-même. »

C.G. Jung
Psychologie du transfert, A. Michel, 1984

« La relation est le fleuve
qui permet à la barque-méthode
d'avancer et d'aller où elle veut aller.
Sans le fleuve, la barque ne serait
qu'une épave échouée. »

W. Boehm,
professeur de service social,
directeur du Centre d'études internationales
comparées en service social, Rutgers Universités

Avant-propos à la nouvelle édition

Lors de la parution de cet ouvrage en 2002, nous analysions la complexification du travail social, liée à un contexte général de plus en plus difficile pour les individus. Parallèlement à cela, nous évoquions le renforcement des contraintes institutionnelles qui pèsent sur les travailleurs sociaux.

Aujourd'hui, à l'occasion de cette réédition, nous avons souhaité brosser un rapide état des lieux et faire partager aux lecteurs nos interrogations et nos réflexions.

Quel sens peut-on donner au travail social aujourd'hui ? Est-il pertinent de s'accrocher aux valeurs traditionnelles de la profession, telle la nécessité, prétendument « désuète », d'une reconnaissance de l'autre en tant que personne originale, singulière ?

À partir de préoccupations et de témoignages émanant du terrain, nous avons tenté de répertorier les changements auxquels sont aujourd'hui confrontés les assistants sociaux.

Avant d'examiner les transformations survenues dans le cadre de leurs pratiques professionnelles, nous nous intéresserons tout d'abord à l'évolution du contexte social et à son impact sur les usagers.

Le contexte social et les usagers

Les assistants de service social le constatent chaque jour : les difficultés qui existaient déjà en 2002 tendent à s'aggraver et à toucher une population plus large.

Le monde du travail a connu des bouleversements majeurs, accélérés par la crise économique et la récession. Privatisations, délocalisations, fermetures d'usines, situations de harcèlement, souffrances, suicides, sont autant de réalités quotidiennes. Le chômage, la précarisation du travail, la souffrance sociale, semblent dorénavant installés et vécus comme incontournables. Il existe des familles dans lesquelles plusieurs générations sont concernées par des situations de ce type, certains adultes n'ayant jamais vu leurs parents occuper un emploi régulier.

De nombreux foyers, outre les difficultés économiques qu'ils connaissent, sont confrontés à un cortège de fragilisations diverses : monoparentalité, séparations, violences domestiques, alcoolisme et/ou toxicomanies, délinquance juvénile, errance, problèmes psychiques divers, paupérisation de la vieillesse... Perte de la valeur du travail et dévalorisation sociale sont autant de sources d'angoisse, favorisant le déterminisme social et la dépendance.

D'autre part, si les avancées et découvertes remarquables de la recherche au cours du XXe siècle montrent combien l'homme peut être performant dans les domaines scientifique ou technique, on oublie trop souvent que science et technique doivent avant tout rester au service de l'homme.

Aujourd'hui, les préoccupations environnementales et écologiques sont devenues majeures. Certaines catastrophes, qu'elles soient industrielles telle l'explosion d'AZF, ou naturelles (tsunami, inondations...) ont durablement traumatisé les populations.

Enfin, la diffusion et la circulation de l'information ont, grâce aux nouveaux médias, connu une accélération spectaculaire. L'actualité est de nos jours communicable sans délai et à tous. Mais l'immédiateté a aussi ses limites. Une image percutante chasse l'autre... L'arrêt sur image, sa réception passive bloquent les processus d'intériorité et d'intégration qui nécessitent le recul, la réflexion, une pensée élaborée qui pourrait se développer sous des formes plus intellectualisées (lecture, conversations...)

Autant d'éléments qui contribuent à la dégradation du statut, déjà fragile, des usagers.

Qu'en est-il du travail des assistants sociaux ?

L'intervention sociale se veut désormais canalisée, ciblée, rationalisée.

Le temps passé à la permanence auprès de chaque usager est comptabilisé (de 10 à 20 minutes), leur nombre est régulé par la prise de rendez-vous et l'intervention d'urgence est devenue difficile à intégrer dans les emplois du temps surchargés. Le temps accordé pour l'instruction des dossiers a été réduit. Quant aux réunions, elles ne constituent plus des temps de réflexion permettant d'évaluer des situations où l'usager est considéré dans sa dimension globale, avec son potentiel propre, mais se contentent de gérer l'application de la législation, des textes administratifs et des injonctions de service.

Quelle que soit la méthodologie d'intervention, le travail social repose sur trois piliers : l'observation, l'évaluation de la situation, la relation d'aide. Or, l'évaluation, essentielle dans ce métier, a perdu de sa pertinence.

La pression de l'institution en vue de gérer le plus grand nombre de dossiers d'usagers incite les assistants sociaux à coller aux textes législatifs et à entrer dans des dispositifs dont les critères essentiels sont d'ordre économique.

Les cadres d'intervention imposés, l'accélération des processus de prise en charge et de classement des dossiers (intervention, rapport, statistiques) leur font perdre toute disponibilité. Ils courent après le temps, dans la gestion des dossiers, les réponses à donner aux usagers, ou pour parvenir à construire une évaluation profitable.

La suppression des suivis et des visites compromet l'installation d'une relation de confiance. Dans ce contexte, la relation d'aide à l'usager, pourtant au cœur du métier d'assistant de service social, s'apparente à une perte de temps.

De ce fait, les assistants sociaux, préoccupés par les situations de détresse, éprouvent une grande solitude et un sentiment d'impuissance (sauf en cas de médiatisation éventuelle).

Si nous ne résistons pas à cette mise en équation, le travail social est en danger de disparition par l'évacuation de la relation à l'autre. D'autant que la fonction d'assistant social elle-même n'échappe pas à la précarisation (développement des CDD et du temps partiel), et l'incertitude des personnels face à leur avenir vient parfois faire écho à celle des usagers.

Cette présentation des choses, si elle peut sembler caricaturale, correspond pourtant aux constats des travailleurs sociaux dans leurs services, même si, dans les services dits *spécialisés* notamment, la situation n'est pas aussi dégradée.

Au cours de son histoire, le travail social a connu bien des aléas et les assistants de service social ont parfois dû lutter pied à pied pour conserver leur spécificité. Aujourd'hui, face aux menaces d'un amalgame des rôles et des fonctions, de la perte des repères connus, voire, pour certains, de la perte de l'identité sociale, il nous apparaît incontournable de croire en l'humain, en sa faculté à se faire entendre et reconnaître.

Lorsqu'on leur offre la qualité d'écoute et d'observation dont ils ont besoin, les usagers peuvent nous étonner par leurs capacités leur richesse. À nous d'ouvrir les bonnes portes, de défendre la fonction humaniste de la profession et la légitimité acquise par la formation et l'obtention d'un diplôme d'État.

La profession d'assistant social, déjà ancienne, a vu au cours de son évolution durant le XXe siècle, une lente maturation des modes d'intervention sociale qui s'appuient sur les capacités relationnelles enseignées dans les écoles.

Nos aînés et nos collègues expérimentés témoignent de l'efficacité, sur la durée, de la relation d'aide et de l'aptitude des usagers à l'utiliser, non pour guérir, mais pour mieux vivre et se réaliser, dépasser leur dépendance et aller vers plus d'autonomie. Cette relation à l'autre permet de retrouver de l'espoir pour soi et sa famille et de recommencer à se projeter dans l'avenir.

Pour l'assistant social, savoir que le mieux être est possible dynamise le travail.

Nous, assistants de service social, devons chercher les moyens, les ajustements, les négociations possibles, afin de trouver des stratégies nouvelles, des espaces échappant aux contraintes des dispositifs rigides qui nous sont imposés.

Face aux problèmes rencontrés, il n'existe pas de réponse toute faite ; les solutions sont toujours à inventer en s'adaptant aux besoins des usagers et en recherchant des espaces non couverts par les obligations institutionnelles.

Par cet ouvrage, nous souhaitons exhorter les assistants sociaux à investir les outils qui sont à leur disposition pour repenser leur travail et ne pas s'en tenir au rôle d'exécutants, à retrouver du sens critique, élaborer d'autres alternatives et se sentir sources de propositions :

– *la formation*, travail au long cours, nourrit et enrichit. Elle est indispensable pour progresser tant sur le plan personnel que professionnel ;
– *les supervisions en travail social* sont une autre façon de prendre du recul et de mettre en route un penser professionnel renouvelé. Elles sont source de confort personnel, offrent une sécurisation et une meilleure perception de ses capacités professionnelles, et permettent de retrouver une identité parfois mise à mal par l'institution ;
– *les échanges et la construction de projets* avec les collègues, et avec les usagers. L'isolement concourt au découragement ;
– *l'information* – les textes, les lectures, les connaissances diverses apportées par les collègues, les médias... – favorise la prise de distance avec le quotidien et une meilleure réflexion.

Le temps est par ailleurs une notion capitale. Elle s'acquiert assez tard dans la maturation de l'enfant, mais demeure essentielle pour l'individu. Le temps est un facteur d'humanisation et de civilisation. Il faut du temps pour grandir, mûrir, exister, et c'est le temps qui permet de se repérer, construire, relativiser.

Dans la pratique professionnelle, il importe de se donner le temps de réfléchir sur les questions sociales irrésolues, d'évaluer une situation, échanger avec les collègues et réfléchir à l'action que l'on va mener.

Vivre dans l'immédiateté, la rentabilité et l'urgence, centré sur l'action, enferme en un système clos dans lequel la pensée, bloquée sur le registre émotionnel, rend difficile la réflexion et la prise de distance. Or, le présent est une notion relative qui ne peut exister sans passé et sans avenir. Les dispositifs, lorsqu'ils sont mis au service de la rentabilité comptable et statistique, privent l'individu de ce qui lui est nécessaire pour vivre son temps humain. Le sujet ne peut cependant s'accommoder sans danger de la conception du temps qui prévaut dans les méthodes modernes de management.

Ainsi, il nous semble fondamental de revenir à cette idée très simple : l'être humain ne peut entrer dans des cases et être indéfiniment enfermé dans un système contraignant, sous peine de disparaître. Malgré une évolution réductrice et normalisatrice des pratiques professionnelles et de la société, la relation d'aide en service social garde toute sa pertinence et sa valeur ; la réédition de cet ouvrage souhaite contribuer à sa pérennité.

Introduction

Deux idées nous ont accompagnés dans ce travail :

– l'une tient à notre histoire professionnelle, au sens que nous donnons à la relation d'aide ;

– l'autre est liée à la préoccupation de voir se maintenir la qualité relationnelle lorsque cette qualité est mise à l'épreuve par les exigences nouvelles liées au contexte social et législatif : les mutations sociales, les dispositifs, la pression institutionnelle.

Durant des années, au fil des formations en cours d'emploi, nous avons écrit sur notre pratique professionnelle, avec des exigences méthodologiques imposées par les différents jurys spécialistes des sciences humaines. Tous nous ont encouragés à publier ces travaux. Et la question de l'écrit est restée ouverte… C'est après une formation mise en place par l'ATFAS (Association toulousaine pour la formation des assistants sociaux) et ÉCHO SAINT-SIMON, en 1993, que nous avons ressenti la nécessité de nous réunir afin de constituer un groupe d'écriture.

L'ATFAS cessait ses activités. Il était sans doute devenu nécessaire de laisser une trace, une sorte de mémoire. Au début, ce fut pour certains d'entre nous comme un travail de deuil ; par la suite, les motivations ont changé dans la mesure où nous avons pris du plaisir et enrichi notre réflexion en travaillant ensemble.

Nous avons éprouvé le besoin de nous donner rapidement des limites et avons bâti un cadre afin de transmettre ce qui nous paraissait central pour le service social : la relation d'aide. En travaillant sur la pédagogie et l'enseignement avec des étudiants en formation de base ou avec des assistants de service social en formation continue, nous avons commencé à nous préoccuper de la qualité de l'aide, qui est devenue une question récurrente.

Au cours de ces dernières années, nous avons pu mesurer avec nos collègues de terrain combien leur fonction devenait complexe. En effet, la précarité des situations sociales, la diversité et la multiplicité des dispositifs législatifs, le poids des exigences institutionnelles tendent à instrumentaliser la demande des usagers et la réponse professionnelle. Il devient alors bien difficile, face à la pression des usagers (à la porte de la permanence sociale), d'écouter, de comprendre, de reconnaître et d'accompagner le cheminement de la demande, afin d'établir une relation d'aide ayant un sens pour l'usager et l'assistant de service social. Une relation d'aide telle qu'elle nous a été enseignée par nos aînés : une motivation de fond qui se transmet et doit être pensée en fonction de l'évolution des besoins, des changements sociaux, des dispositifs mis en place. Si, aujourd'hui, il nous semble important d'écrire sur la relation d'aide, c'est que le sens fondateur de cette relation humaine risque d'être mis en péril.

Notre groupe s'est constitué avec l'adhésion de neuf assistants de service social. Six d'entre nous ont travaillé régulièrement à la construction de cet écrit ; ils sont issus de services spécialisés. Nous avons regretté de ne pouvoir y intégrer des assistants de polyvalence de secteur.

Dans un premier temps, nous avons tenté de communiquer notre expérience, afin de témoigner de l'importance du processus d'aide que chacun de nous a essayé de favoriser. Puis, nous sommes passés à une autre façon d'approfondir la relation d'aide par l'écriture et la théorisation. Le respect commun de l'éthique humaniste de la profession nous a aidés pour la cohésion du groupe. Écrire en commun a été difficile : il s'est en effet avéré nécessaire de clarifier, d'expliciter notre pensée, afin qu'elle devienne acceptable pour le groupe et reconnaissable pour chacun. Ce travail d'approfondissement nous a confortés dans notre identité professionnelle et a permis une meilleure objectivité sur la faisabilité de l'aide et l'importance de cet acte professionnel. Écrire a été le moyen de redécouvrir la richesse de l'expérience humaine, d'y puiser l'espoir d'une plus grande humanité, de donner sens au travail social.

Les situations présentées dans cet ouvrage ne rendent pas compte du travail social de manière exhaustive, elles ne représentent que quelques aspects de la relation d'aide individuelle ; d'autres méthodes d'intervention peuvent être mises en œuvre, bien évidemment.

Il nous est apparu important de montrer combien l'écoute, l'empathie, la reconnaissance des sentiments, la prise en compte du potentiel, le respect des défenses sont des moyens d'aide qui contribuent à mobiliser les personnes.

Lorsque nous instaurons cette relation d'aide en tenant compte de la personne, mais aussi de son environnement familial et social, nous sommes convaincus que chacun est capable de développer son propre potentiel pour accéder lui-même à une meilleure qualité de vie.

L'aide telle que nous la définissons dans le cadre du service social a des limites, notamment celles de l'éthique professionnelle dont la philosophie la relie à l'humanisme démocratique. Les fondements juridiques limitent l'aide au respect de la vie privée. L'aspect personnel de l'éthique professionnelle repose sur un système de valeurs propres qui s'éprouve dans l'acte professionnel. « Chaque professionnel est responsable de sa conduite » (B. Bouquet). Respecter l'éthique professionnelle dans la relation d'aide va obliger l'assistant de service social à être vigilant et à se donner des limites précises, qui tiennent de l'apprentissage dans la formation, du respect de la déontologie, de la réflexion personnelle qu'il est nécessaire de mener sur soi afin de pouvoir maintenir la distance nécessaire avec les problèmes des clients :

– apprendre à dédramatiser les situations ;
– savoir admettre la pluridisciplinarité de l'approche ;
– accepter de formaliser, de réfléchir à la clinique des situations, afin de rester dans l'objectif et le cadre professionnel de l'action.

« La technique et l'éthique sont indissociables », dit Françoise Dolto.

Il nous est apparu incontournable de réfléchir de prime abord sur les conditions nécessaires pour qu'une relation d'aide puisse s'établir. Puis, nous avons choisi de traiter cinq aspects particuliers de la relation d'aide.

Le premier chapitre traite de l'évaluation, temps fort de la relation d'aide, parce qu'il s'agit de cerner, avec les éléments objectifs et subjectifs, la problématique à laquelle l'assistant de service social se trouve confronté. L'évaluation requiert un positionnement à la fois prudent et engagé, fait d'interrogations mais aussi de tâtonnements, d'observations, de perceptions... Il s'agit de personnes, et les interactions sont nombreuses. L'évaluation fait appel à la méthodologie, à l'éthique, à la personne. L'assistant de service social est lui-même un instrument de la relation d'aide.

Le deuxième chapitre souhaite approcher ce que l'on peut être amené à rencontrer en service social : des personnes vivant un profond malaise susceptible de les conduire à l'agressivité, à la violence... Comment alors se situer, comprendre, aider ? C'est *la situation de crise*. Aujourd'hui, suivre une situation dans le temps devient difficile, voire impossible, en raison de la multiplicité des tâches et des urgences qui envahissent le travail social. L'aide à long terme et l'investissement que ce travail implique nous paraissaient important à analyser, tant sur le plan de l'évaluation continue que sur le plan de la distance nécessaire afin de donner un sens à cette forme de soutien intensif. Dans les cas de personnes atteintes de maladies au long cours, démunies socialement ou en voie d'exclusion, l'aide à long terme recouvre un champ d'application toujours d'actualité.

Le troisième chapitre est centré sur les cas particuliers de la relation d'aide :
– *la relation d'aide en fonction des objectifs et des missions* d'une institution ; comment aider sans oublier pour autant les demandes et les besoins non couverts par ces institutions ?
– *la relation d'aide et la position intermédiaire* de l'assistant de service social, qui reste une préoccupation lorsque les objectifs institutionnels vont à l'encontre des possibilités des personnes ;
– le travail en équipe ;
– le service social et la loi.

Dans *le quatrième chapitre*, la déontologie en service social, dont chacun de nos actes professionnels est imprégné, reste la référence de tout travailleur social. Dans toutes les situations, la relation d'aide tient compte de l'éthique et de la déontologie professionnelles. Afin de souligner certains aspects, parfois mal perçus, du respect de la déontologie, nous avons donc choisi deux situations particulières :
– le secret professionnel et l'administration ;
– le secret partagé en équipe.

Le cinquième chapitre introduit la notion de supervision en service social et son développement possible. Dans la supervision, il s'agit bien de trouver un lieu indispensable à une prise de distance, à un questionnement sur notre pratique, à une vérification de nos évaluations, afin que nous soyons confortés, soutenus dans une tâche souvent lourde et difficile.

Toutes les situations évoquées dans cet ouvrage ont fait l'objet, à un moment ou à un autre, d'un travail de supervision. Ce lieu est susceptible de devenir source de créativité pour le travailleur social et pour l'usager, même si les assistants de service social n'ayant pas expérimenté la supervision peuvent la ressentir comme une incapacité à « savoir se débrouiller » ou comme un « contrôle » car ils n'ont pas le *back-ground* qui leur permettrait de resituer les différents éléments du discours entendu, et aussi d'en améliorer la lecture.

La conclusion est un retour sur le travail présenté, ses limites et sur les questions qui se sont posées *a posteriori*.

Référents théoriques

Il nous semble important de reprendre ici, par ordre chronologique, les concepts de base ainsi que les étapes qui ont jalonné l'évolution de l'aide psychosociale dans la formation des assistants de service social.

Si les théories psychanalytiques offrent des instruments essentiels de compréhension de la psychopathologie, elles ne débouchent pas, pour l'assistant de service social, sur une pratique d'intervention.

Le *case work*

L'approche psychosociale, ou *case work*, est notre creuset commun, censé aider les personnes à se mobiliser puis à trouver ou à retrouver confiance en elles, en autrui et en leur avenir. Cette approche est en mesure de leur permettre d'utiliser les forces qu'elles possèdent pour mieux fonctionner dans leur vie quotidienne, malgré les crises traversées. Elle leur permet de renforcer leur potentiel de réaction afin de les armer pour mieux appréhender les difficultés qu'elles sont susceptibles de rencontrer à l'avenir.

Trois périodes et trois courants de pensée ont contribué à façonner le *case work*, né au États-Unis.

1. La première période se situe à l'époque des grandes crises industrielles des années vingt, durant laquelle les organisations caritatives se sont efforcées de structurer et de professionnaliser leur action.

Mary Richmond, directrice de la Russel Sage Fondation, en livre un premier essai dans *Social Diagnosis*, en 1917, suivi de *What is Case Work*, qui paraît en 1922. Elle a été le principal porte-parole d'une méthode fortement influencée par le modèle médical et psychanalytique, essentiellement centrée sur la personne. Cette méthode mettait l'accent sur l'évaluation diagnostique des troubles psychologiques et sociaux de la population consultante. Elle formait l'espoir qu'en parvenant à mieux cerner tout à la fois la personnalité d'un client, les causes de son appel à l'aide et l'impact qu'un passé proche ou lointain avait pu produire sur lui, elle parviendrait à enrayer le processus de souffrance et de dysfonctionnement dans lequel il était entré. Ses deux essais ont été traduits en français en 1926.

Voici, selon elle, les postulats essentiels du *case work* : « L'individu et la société sont interdépendants ; les forces sociales influent sur le comportement et l'attitude des individus, en permettant son développement autonome et sa contribution au monde. Les problèmes qui se posent sont psychosociaux (internes ou externes). La plupart sont interpersonnels. »

2. La deuxième méthodologie d'intervention date de l'après-guerre. Face à la nécessité de trouver des réponses à plus court terme que ne le permettait la méthodologie initiale, de nouveaux théoriciens (Hamilton, Towle, Robinson, Perlman, Hollis…) se détachent du *case work*, qu'ils estiment trop dépendant du modèle médical et du déterminisme psychanalytique, pour s'ouvrir sur une vue plus globale de la personne.

Ces théoriciens soulignaient qu'il était important de traiter les effets du problème ayant conduit à consulter, parallèlement au travail consistant à en comprendre l'étiologie. Ils relevaient la nécessité d'évaluer les éléments extérieurs (et non plus seulement internes à l'être humain) susceptibles d'avoir des incidences sur la situation. Ils insistaient enfin sur l'utilité de participer activement au changement, implicitement ou explicitement souhaité par la clientèle :
– en informant celle-ci des démarches qu'elle pourrait entreprendre par elle-même pour résoudre ses difficultés ;
– en faisant parfois « avec » ou même « pour » elle, tout en l'associant aux projets la concernant ;
– enfin, en cherchant à agir au niveau des lois ou de l'organisation sociale.

Gordon Hamilton insiste sur la configuration de la personne en situation, dont les problèmes ont des causes multiples, et sur les capacités de croissance, de développement et de changements de cette personne. L'assistant de service social est impliqué et participe, par son attitude, au changement de la personne.

Catherine Towle, praticienne et enseignante américaine, dégage le *case work* du modèle analytique et médical. Pour elle, le travailleur social doit être en mesure d'établir une relation d'aide avec toute personne, qu'elle soit capable ou non de verbaliser ses difficultés. Elle met l'accent sur la *qualité relationnelle* qui peut suppléer aux lacunes de la personne et de son environnement.

Lilian Ripple, également praticienne américaine, met l'accent, dans *Capacity and Opportunity*, sur la créativité de l'assistant social. Cet aspect sera repris et développé par M. Du Ranquet, enseignante française de service social : « La créativité est une façon nouvelle d'intégrer et de conserver ce qui est vital dans les méthodes anciennes. »

Florence Hollis, en 1949, dans *Women in Marital Conflict*, complété par *Case Work and Psychosocial Therapies* en 1964, considère qu'il faut se centrer sur la tâche. Pour elle, l'approche psychosociale s'apparente à la théorie des systèmes. Elle s'adresse à la personne en situation en interaction avec son environnement familial et social. « La connaissance de l'ensemble des éléments du vécu, du milieu environnemental permet d'intervenir sur un des éléments du problème, sur l'aspect du problème le plus accessible. Ainsi, la théorie des systèmes permet de vérifier que tout changement dans un des éléments provoque des changements dans cet élément et dans ses relations avec les autres éléments eux-mêmes, et par la suite dans tous les éléments du système. » (Florence Hollis, *Nouvelles perspectives du case work*, traduit par M. Du Ranquet)

Théorie et pratique du case work, de Gordon Hamilton, paraît en 1950 à New York, pour être repris en France en 1965 sous l'égide du Comité français de service social. Un des traducteurs est Catherine De Béchillon, superviseur, chargée de l'enseignement du *case work* en France.

3. La troisième période qui a marqué l'évolution du travail social correspond aux années soixante, et c'est aux États-Unis encore qu'elle se situe. Les premiers fondements du *case work*

sont alors remis en valeur, enrichis des éléments d'analyse dits de la personne, de sa situation et de son problème, puis des méthodes d'approche circulaire introduites par la théorie de la communication ou du système.

C'est la synthèse de ces trois méthodes qui a donné au *case work* sa forme actuelle, fondement du travail social individualisé et avec les familles.

L'introduction en France

Dans les années cinquante, l'UNCAF s'est vivement intéressée aux approches venues d'outre-Atlantique et a pris de ce fait une part active à l'introduction du *case work* en France.

En 1966, M. Lebel, directeur de la CNAF, dans son introduction à la formation de superviseur et d'assistant social, s'exprime ainsi : « Nous étions convaincus de l'importance que pouvait présenter une aptitude plus grande des assistants sociaux à comprendre la psychologie des adultes et des enfants, des familles en difficulté, et à la traduire dans les relations qu'ils pouvaient établir avec eux. Nous voyons dans cette méthode d'aide psychosociale individualisée *un moyen de sauvegarder et même de revaloriser l'aspect profondément humain du travail social, de rendre plus efficaces ses interventions.* »

L'introduction de cette forme nouvelle d'approche est due aux formateurs et aux responsables, tels que Mme Perles, conseillère technique de l'UNCAF, Myriam David, pédopsychiatre, Mme Cassirer, professeur de service social. La première formation à la fois de superviseur et à l'aide psychosociale se déroule de 1966 à 1969 à Paris, sous l'égide de l'UNCAF. C'est par la suite que des modèles de formations à l'aide psychosociale seront appliqués en différentes régions, et, à l'aide individualisée, s'ajouteront ensuite des formations à l'approche collective et de groupe. Une progression liée aux apports des sciences humaines ainsi que les changements et les adaptations successifs de cette méthode d'intervention ont été élaborés dans les différentes formations mises en place de 1969 à 1993. L'aide psychosociale individualisée a ainsi évolué vers « l'intervention sociale d'aide à la personne ».

À Toulouse, de 1969 à 1987, l'Association toulousaine pour la formation des assistants sociaux (ATFAS) assure « l'enseignement aux méthodes d'interventions sociales ». En 1993, l'ATFAS cessant ses activités, l'association FARE crée un département de travail social, et l'équipe pédagogique de l'ATFAS s'organise pour poursuivre ses recherches et continuer la mise en place de formations. En 1995, une formation de superviseurs en travail social est réalisée en convention avec l'IRFCES.

Actuellement, l'équipe pédagogique s'est enrichie et élargie à de nouveaux superviseurs. Il n'y a plus de formation aux méthodes. En revanche, des actions de formations avec des référents théoriques similaires sont mises en place au sein de l'association FARE (département travail social) par l'équipe pédagogique renouvelée.

À partir de cette culture commune, notre groupe s'est imprégné d'une certaine philosophie de l'aide, et un désir de formations et de perfectionnements s'est orienté vers Rogers et Winnicott.

Nous avons développé de cette manière les articulations entre « théorie » et « pratique » surtout autour des concepts de ces deux auteurs, complétant ainsi les approches psychosociales des référents sociaux déjà cités.

Pourquoi Rogers ?

Carl Rogers est un psychologue américain (1902-1987) qui a élaboré une conception de la relation d'aide, de la psychothérapie, des relations humaines en général. Au concept de « relation d'aide non directive » et de « psychothérapie centrée sur le client » (1938-1950), il a substitué par la suite le terme d'« approche centrée sur la personne » (1974), mettant ainsi l'accent sur les applications possibles de cette approche à toute forme de relations humaines, y compris dans le domaine des relations institutionnelles et interculturelles. Ses travaux ont reçu une reconnaissance internationale. (Le jour de sa mort, il a reçu une lettre lui annonçant qu'il était proposé pour le prix Nobel de la paix.)

Pour Rogers, la confiance dans le vécu personnel éprouvé par chacun (l'« expérience subjective ») allait de pair avec sa foi dans la dignité radicale de la nature humaine. Il avait identifié quatre caractéristiques fondamentales de tout thérapeute :

– l'objectivité, qui comprend « la faculté de sympathie, mais sans excès, une attitude authentiquement accueillante, manifestant de l'intérêt, une compréhension en profondeur qui rend impossible de porter un jugement moral ou d'être choqué ou horrifié » ;

– le respect de l'individu : « L'objectif consiste à laisser un maximum de responsabilité entre les mains de l'enfant, vu comme un individu en marche vers l'indépendance » ;
– la compréhension de soi, à laquelle Rogers apparente la faculté du thérapeute à s'accepter soi-même et à être lucide sur sa propre personne ;
– un savoir psychologique, c'est-à-dire « une connaissance fondamentale du comportement humain et de ses déterminants physiques, sociaux et psychologiques » (Rogers, 1939).

Les assistants sociaux ont eu une influence certaine sur l'évolution de sa pensée, de sorte qu'ils peuvent se reconnaître dans son approche de l'être humain. Il dit lui-même le bénéfice qu'il a reçu à leur contact. Son propre parcours professionnel l'a conduit a être formé par, ou a être en relation de travail avec, des psychiatres, des psychanalystes, des travailleurs sociaux en psychiatrie, des assistants de service social, des éducateurs, des prêtres.

Esprit indépendant, il dit n'avoir jamais eu le sentiment d'appartenir à aucun de ces groupes professionnels. Lorsque la psychologie s'engageait dans des voies qui ne lui plaisaient pas, il se rapprochait des assistants de service social dont il a reconnu qu'il leur devait beaucoup. « Quand la psychologie se remit à s'intéresser à l'être humain, je me retrouvai psychologue… » Les assistants de service social lui ont permis d'enrichir ses points de vue ; il trouvait leurs idées particulièrement stimulantes. « J'ai tiré un grand bénéfice de leurs idées et du travail accompli. » Il a en effet travaillé avec les services sociaux, et a été sollicité pour créer un service de guidance (1937-1938) à partir du centre d'observation, d'orientation et de traitement de Rochester, dont il était directeur. Ce centre recevait des enfants délinquants, ou qui appartenaient à des milieux marginaux et y étaient adressés par des services sociaux ou des tribunaux. « Les travailleurs sociaux en psychiatrie semblaient parler le même langage que moi. Aussi me consacrais-je beaucoup aux organismes de cette profession dans lesquels j'acceptais des responsabilités locales et même nationales. »

Abandonnant le modèle médical, il considère les patients quels qu'ils soient (il a également travaillé avec des schizophrènes) non comme des malades, mais comme des personnes responsables d'elles-mêmes, capables de faire leurs propres découvertes et de prendre leurs propres décisions. Au concept de « guérison », il préfère celui de « développement ». Profondément intéressé par la dynamique du changement dans la personnalité, il rend central à la fois le monde interne, phénoménologique du « client » (terme qu'il substitue à celui de « patient »), et non plus tel ou tel type de structure de personnalité, et la prise en considération de ce que dit la personne elle-même, en deçà des interprétations.

Le vécu subjectif est digne du plus grand respect. Il souligne, avec la fonction-clé de l'image de soi dans la détermination du comportement, à la fois le besoin d'être considéré, reconnu dans ce que l'on a de plus profond en soi, et l'importance de la notion d'« ici-et-maintenant » : « La clinique m'a appris que l'individu se révèle à lui-même essentiellement dans son présent, et qu'une histoire vraie de sa psychogenèse est impossible. »

Très tôt dans son expérience clinique, il remarqua que, lorsqu'il parvenait à comprendre en profondeur le monde intérieur de son client et que ce dernier s'en rendait compte, presque à chaque fois le client adoptait des comportements positifs et progressait.

Il s'éloigne des modèles psychanalytiques et béhavioristes (1940) et est influencé par la pensée d'Otto Rank. Quelques membres de son équipe s'intéressent aux idées de ce psychanalyste dissident et suivent des cours à l'école de service social de Pennsylvanie (États-Unis) d'orientation nettement rankienne : théoricien de la rénovation de la technique psychanalytique, Rank propose une « thérapie active » et un recentrage sur le présent.

Différents courants apparaissent également : Dynamique de groupe (Kurt Lewin), Psychodrame et sociométrie (Moreno), Analyse transactionnelle (Berne), Gestalt thérapie (Perls), l'École de Palo Alto (Bateson), les courants relatifs au potentiel humain (Marcuse, Reich), la Psychosociologie et le courant systémique. Rogers rejoint la pensée d'autres collègues, dans le mouvement de la psychologie humaniste (Maslow-May).

De son travail quotidien avec les personnes qu'il a « le plaisir privilégié d'essayer d'aider », il se forge une conviction : « De leur lutte vers l'épanouissement, le développement et la maturité, s'est imposée la certitude que nous possédons trop peu de foi dans la capacité de croissance de l'individu. » C'est à partir de son expérience et de sa pratique qu'il développe progressivement une théorie de la personnalité ; il l'applique à des situations relationnelles concrètes, en accompagnant les capacités des personnes à assumer leurs tensions, leur désarroi par l'expression de leur propre monde. Son langage est clair, accessible.

L'intuition rogérienne fondamentale repose sur la confiance dans la positivité du développement humain. Il postule que la personnalité est, par nature, profondément positive. Si ce postulat est refusé, c'est, selon lui, parce qu'il est en désaccord avec les idées reçues. *La personne est digne de confiance*, elle doit *être considérée à la fois dans l'instant présent et dans son devenir, dans sa capacité et sa tendance au changement*. Et c'est dans l'instant présent, ici et maintenant, que se trouve le germe du changement possible. Rogers accueille avec respect et accompagne cette germination sans la brusquer, ni la juger, ni la fixer. Pour lui, la relation d'aide et la psychothérapie supposent une relation profonde entre deux personnes réelles. Cette relation est opérante par les attitudes authentiques qui la caractérisent : disponibilité, accueil à l'égard de ses propres émotions et de celles du client, cohérence interne. Cet engagement dans la relation ne permet pas de s'abriter derrière un masque professionnel. Rogers nous invite à découvrir l'autre et notre relation à lui. Il ne peut s'agir d'un état immuable ; c'est un processus en évolution permanente, sans cesse remis en question, réinterrogé. L'instant et le devenir, la présence à autrui et l'implication non défensive de soi coexistent dans cette relation.

L'œuvre de Carl Rogers invite au réalisme et à l'espoir : « Rien ne peut éteindre l'impulsion de l'organisme humain à être lui-même, à se réaliser de façon humaine et créatrice. » Rogers fait confiance à la « tendance actualisante » de l'homme : l'être humain a en lui la capacité de rendre réelles ses potentialités.

Growth [croissance] est en quelque sorte sa devise, en lien avec le bon sens rural qui l'habite (la profession de son père a voulu qu'il passe son enfance à découvrir la nature) : « Il ne faut pas tirer sur l'herbe pour la faire pousser… » A. de Peretti parle de la « confiance en soi et dans la vie, elle-même associée à une maîtrise sensible et sans cesse renouvelée des attitudes et de moyens personnels mis en œuvre ».

Rogers définit les attitudes qui contribuent à créer un « climat facilitateur » permettant à la personne d'accéder à ses propres ressources : l'écoute empathique, l'authenticité (congruence), la considération positive inconditionnelle (acceptation) sont les trois conditions nécessaires et suffisantes pour que le progrès thérapeutique apparaisse. Dans ce climat, disait-il, le client reprend peu à peu contact avec les ressources qui sont en lui et qui vont lui permettre de se comprendre : il devient capable de modifier l'image qu'il a de lui et prend sa vie en charge.

Le travailleur social, nous semble-t-il, se trouve dans cette forme de relation d'aide développée par Carl Rogers. Nous avons tenté de repérer et d'analyser dans les cas présentés comment les théories rogériennes ont permis de progresser dans la compréhension du monde intérieur de nos clients et de ses effets.

Pourquoi Winnicott ?

Winnicott (1906-1972) était non conformiste et plutôt optimiste. Selon lui, « la vie valait la peine d'être vécue » et « chaque être humain bénéficiant d'un environnement facilitant possédait intrinsèquement le potentiel d'une croissance orientée vers la maturité aussi bien émotionnelle que physique et pouvait contribuer positivement à la société ».

Winnicott travaillait avec l'inconscient de ses patients dans son cabinet de consultation. Il était psychanalyste et donnait aussi une grande importance au travail des assistants de service social. Il avait approché et expérimenté le travail social lors de la Seconde Guerre mondiale : il avait en effet été chargé par le gouvernement anglais de participer aux déplacements des enfants londoniens vers la campagne en raison des bombardements. Les travailleurs sociaux organisaient les placements et Winnicott était consultant de ces unités. Il avait donc la possibilité de participer au travail des assistants de service social. Il organisait des réunions, des consultations, les encourageait à soutenir, à créer, à inventer, pour pallier les effets destructeurs de ces placements. Par la suite, il s'est inspiré des travaux élaborés durant cette période pour tirer des enseignements concrets de cette expérience.

Winnicott donnait une place importante aux assistants de service social, liens indispensables entre les parents et les enfants, afin que ceux-ci puissent survivre et se développer. Clare Winnicott – que nous avons eu la chance de rencontrer lors de séminaires sur l'œuvre de son mari – avait travaillé avec lui en tant qu'assistante sociale durant cette période ; elle nous a permis de revisiter l'œuvre de Winnicott en intégrant les aspects pratiques de sa théorie à l'image des soins que peuvent donner des « parents suffisamment bons ». Elle a confirmé que son mari utilisait la méthode clinicienne et se laissait guider par ses clients. Il écoutait, et c'est de cette expérience qu'il tirait la théorie.

Ces soins peuvent s'apparenter à des soins parentaux et visent à fournir un contenant, un soutien, afin de pallier les manifestations destructrices de privation.

La théorisation de Winnicott

La théorie de l'environnement

La bonne organisation du moi est fonction de la relation que le nourrisson peut établir avec son environnement. À ce stade, toute fonction d'environnement est maternelle. La mère doit être suffisamment bonne et capable de deviner ce dont son nourrisson a besoin. La continuité des soins de base doit être maintenue suffisamment longtemps pour que la personnalité puisse s'établir dans de bonnes conditions.

Comparativement, on pourrait dire que l'assistante de service social, en fournissant une aide appropriée suffisamment longtemps, apporte des soins apparentés à ceux de l'« environnement maternel ».

La théorie du développement

À la naissance, l'individu n'a pas d'unité. L'unité est constituée par la structure « individu-environnement ». Certaines conditions sont donc nécessaires pour qu'apparaisse le psychisme individuel. Une adaptation active aux besoins du nourrisson permet à celui-ci de vivre dans un état de tranquillité. Il peut alors accomplir les mouvements spontanés qui permettent la découverte de l'environnement sans que le « moi », ou le « self », soit perdu. La cohésion des éléments sensori-moteurs provient de ce que la mère porte l'enfant, au propre et au figuré, et que, dans cet état de maintien, l'enfant peut se permettre un geste spontané. Là est la source spontanée du « self ».

Si la mère est capable de satisfaire ce besoin d'omnipotence qui se révèle par un geste ou un ensemble de gestes, la fusion de la motricité et des éléments érotiques peut s'établir. Lorsque cette demande se reproduit maintes et maintes fois au cours des premiers mois, le vrai self commence à exister. C'est le geste et l'hallucination du geste qui sont rendus réels. Le bébé arrive ainsi à la capacité d'utiliser le symbole. Le vrai self est spontané, les éléments du monde doivent pouvoir s'accorder à cette spontanéité. L'enfant jouit alors de l'illusion de la création et devient ensuite capable de reconnaître ces éléments illusoires, de les recréer dans le jeu et l'imagination.

Lorsque Winnicott parle d'environnement, il entend la mère au sens large du terme : la manière de s'occuper de l'enfant, de le soutenir, de le porter, de vivre avec lui. Il s'agit du *holding* et du *handing*, qui sont développés dans les situations présentées. *Holding* et *handing* signifient « porter » et « manipuler ». Dans la relation d'aide professionnelle dans le cadre de la méthode d'intervention d'aide psychosociale, il prennent aussi le sens de soutien et de maintien. Cela apparaîtra ici dans les situations de Robert, Michèle, Léo et Jean-Marie.

Cette période est qualifiée d'interdépendance mère-enfant. L'enfant n'est alors pas capable de ressentir des bienfaits, il peut seulement souffrir des perturbations. Il apprend ensuite à reconnaître sa dépendance ; plus tard, il peut la relier à ses impulsions. À un an, l'enfant peut maintenir vivante l'image de sa mère pendant quelques jours. Beaucoup plus tard, l'enfant acquiert la capacité de se passer de soins.

Cela est en relation avec l'évaluation de la fin des cas : il apparaît nécessaire que l'assistante de service social soit en mesure de laisser partir son client lorsqu'il a cessé d'avoir besoin de soins. La fin de la relation d'aide apportée à Robert en est un exemple.

La mère

Toute mère, pour Winnicott, est généralement suffisamment bonne. La mère est capable de répondre aux besoins de son nourrisson, mais ne doit pas non plus y répondre trop bien. Chez elle, des sentiments d'amour coexistent avec des sentiments de haine pour son bébé. Il est nécessaire qu'elle puisse tolérer sa propre haine pour son enfant sans s'y opposer. L'enfant ne peut se développer normalement dans une atmosphère qui nie la haine. Lui aussi éprouve des sentiments de haine qui naissent des frustrations de l'environnement, tout comme l'assistante de service social peut ressentir de la haine pour son client. Cela est mis en évidence dans la situation de Yorick.

Lors d'un séminaire GETSP à Paris, le docteur Clancier parle de la « haine » et pose le problème de savoir comment le travailleur social fonctionne avec elle : « Il est nécessaire, dit-elle, de la connaître et de la reconnaître en soi. Le danger réside dans le fait d'éprouver un désir de vengeance envers son client, qui cache la non-reconnaissance de la haine. Notre connaissance du contre-transfert (contre-attitude) peut être utilisée comme une force pour lutter contre sa propre tendance à la vengeance. »

Le holding

C'est la manière dont la mère tient l'enfant ; si elle le tient bien, si elle ne le secoue pas trop, si elle le berce comme il faut, si elle ne le repose pas trop brusquement dans son berceau, elle fait un « bon *holding* ». C'est capital parce que, selon la façon dont il est tenu et qui correspond à l'attitude intérieure de la mère, l'enfant peut se sentir en sécurité ou en insécurité.

Il s'agit, dit Winnicott, « d'une chose simple et en même temps aussi complexe que ce que deviennent rapidement les soins de l'environnement pour le nourrisson, puis pour le jeune enfant. Il s'agit même d'une chose encore plus complexe, car le service s'étend aux soins de la famille et de la petite unité sociale ».

Le handing

C'est la façon dont la mère manipule l'enfant, dont elle lui fait sa toilette, dont elle le touche. Ses gestes peuvent être empreints d'agressivité, d'anxiété. Il est important qu'elle en soit consciente, car ces émotions se retrouvent dans ses attitudes, ses gestes, ses paroles.

Il est intéressant de remarquer la fréquence des participes substantivés utilisés par Winnicott : *holding, handing.* J.-B. Pontalis, dans la préface de *Jeu et réalité*, note que la langue anglaise non seulement autorise un tel usage, mais y a facilement recours. Pour Winnicott, ces termes indiquent un « mouvement, un processus en train de s'effectuer, une capacité et non le produit fini ». Cette réflexion s'applique bien à la notion d'aide qui insiste plus sur la *forme*, le geste, que l'acte réalisé. (Voir « Brigitte », p. 111)

La créativité

Pour Winnicott, la créativité prend naissance dans le besoin. L'amour que la mère porte à son nourrisson lui permet de lui offrir ce dont il a besoin, à peu près à l'endroit et au moment voulus. La répétition de cette situation donne à l'enfant l'aptitude à utiliser l'illusion sans laquelle aucun contact n'est possible entre le psychisme et l'environnement. L'enfant tète un sein qui fait partie de lui-même et la mère donne un sein à un enfant qui fait partie d'elle-même. L'idée d'échange repose donc sur une illusion.

L'hallucination du besoin permet à l'enfant d'attendre, car il a la capacité de se représenter d'abord une partie de la mère puis, peu à peu, la totalité de la mère.

L'objet transitionnel

Les termes d'objet transitionnel ou de phénomènes transitionnels désignent une zone intermédiaire d'expérience qui se situe entre le pouce et l'ours en peluche (entre l'érotisme oral et la véritable relation d'objet), entre l'activité créatrice primaire et la projection de ce qui a été « introjecté », entre l'ignorance primaire et la dette de reconnaissance.

Entre 6 et 12 mois, un enfant acquiert généralement la capacité de s'attacher passionnément à un objet, ou tout autre chose qui favorise l'apaisement et le sommeil. Cet objet qu'il traîne partout est aussi une défense contre l'angoisse. Lorsque l'enfant grandit, cet objet perd de son importance, il est voué à un désinvestissement progressif, car l'enfant qui grandit bien élargit la gamme de ses intérêts et les maintient, même si l'angoisse est proche. Un maternage suffisamment bon est nécessaire pour que l'installation de cette aire intermédiaire soit possible, aire indispensable pour qu'une relation s'instaure entre l'enfant et le monde. Plus tard, l'adulte parviendra à jouir de son aire intermédiaire qui se manifeste dans la vie culturelle tout entière.

L'aire transitionnelle et le service social

L'aire transitionnelle est utilisée en service social. C'est le moyen d'entrer en communication avec l'autre, celui qui va devenir le client.

Dans le chapitre intitulé « L'évaluation dans la relation d'aide », nous avons essayé de montrer qu'une communication pouvait s'instaurer à partir de divers éléments. Dans le cas de Jean-Marie, le jeu entre le père et l'assistante de service social est un *espace transitionnel*. La place laissée à Mme L. permet aussi de créer ce nécessaire *espace transitionnel*. Chaque situation montre bien que la manière d'accepter l'autre est la condition essentielle à l'instauration d'une véritable relation.

La relation entre l'objet transitionnel et le symbolisme

L'objet transitionnel peut être considéré comme un objet partiel de la mère (le sein) ; il est important qu'il soit réel pour l'enfant. En utilisant un objet, l'enfant fait la distinction entre le fantasme et le fait réel, entre les objets internes et externes, entre la créativité primaire et la perception.

L'objet transitionnel rend possible le processus qui permet à l'enfant d'accepter la différence et la similarité (Michèle et la cassette, Jean-Marie et le globe terrestre).

La capacité de sollicitude

Les pulsions instinctuelles conduisent à user sans pitié des objets ; il s'ensuit un sentiment de culpabilité qui est apaisé par la mère (environnement). Lorsque, par sa présence régulière, la mère donne l'occasion à l'enfant de réparer (« Dis merci »...), la culpabilité n'est pas ressentie, elle est dormante...

Lorsque l'enfant est capable de faire l'expérience de la réparation un certain nombre de fois, la culpabilité relative se modifie et permet à la capacité de sollicitude de s'installer. Si la mère est incapable de supporter l'angoisse induite par l'« agressivité » du bébé à l'égard des objets ou si elle vient à manquer, l'échec de la capacité de sollicitude conduit à l'instauration chez l'enfant d'angoisses non élaborées. La capacité de sollicitude est à la base de toute relation sociale (cela renvoie en particulier à la situation de Robert). Il est important de la faire découvrir au client dans la relation d'aide. En effet, aider n'est pas à sens unique ; pour que la personne se saisisse de l'aide, il faut lui faire découvrir la réciprocité.

Le client découvre qu'il est capable de donner de lui-même, de prendre en compte son vécu, son expérience, son désir de développer ses capacités, de repérer dans sa vie les épisodes significatifs qui peuvent l'aider à comprendre ses angoisses et ses inquiétudes. La relation ainsi instaurée éloigne les angoisses non élaborées (voir la signification de la perte de la voiture de Robert, p. 95).

Le travail social des cas individuels

La santé équivaut à la maturité affective de l'individu. Les maladies mentales sont toujours un compromis entre l'immaturité de l'individu et les réactions sociales du moment. L'édification de la personnalité est fonction des soins que peut fournir un environnement suffisamment bon. C'est pourquoi l'assistante sociale qui peut représenter cet environnement (soutien, aides diverses, écoute, etc.) peut s'occuper de personnes confrontées à ce genre de difficultés. (C'est l'aide matérielle apportée à Brigitte sur ses dossiers de remboursement, sa recherche de logement.)

La « folie » a à voir avec la vie ordinaire, avec l'environnement qui joue un rôle important dans l'étiologie de la maladie (difficulté à appréhender la réalité de tous les jours, angoisse du manque d'argent qui peut être déstructurante chez une personne fragile, etc.) ; cette sphère de maintien occupe une place importante dans le travail de l'assistant de service social. Même si un tel travail de soins ne guérit pas, il permet un étayage « suffisamment bon » pour que la personne puisse vivre. D'après Clare Winnicott, il est important de continuer ce travail sur le long terme. Si l'environnement est maintenu bon pendant assez longtemps, « le psychotique peut guérir car il y a en lui un processus inné d'autoguérison ».

Le processus de maturation qui lui a manqué dans la petite enfance peut être repris par notre travail, qui ne doit pas être considéré comme une simple « béquille » ou un « accompagnement » ; le malade a besoin de se « retirer » pour être en harmonie avec le monde. S'il trouve quelqu'un qui le supporte dans cet état, cela peut amener non pas une guérison complète, mais une manière plus confortable de vivre et peut le rendre capable d'établir une relation. C'est là une difficulté parce que la relation d'aide ne semble jamais prendre fin…

On nous reproche de faire « traîner les cas ». Nous ne savons pas faire comprendre que certains « clients » doivent être soutenus longtemps et nous sous-estimons ce que nous leur apportons, ce qui les aide à vivre : la stabilité de notre attention, notre attitude de compréhension.

Cela ne signifie pas qu'il soit nécessaire de faire toujours un travail intensif. « Être là, c'est permettre au client de revenir quand il en a besoin, à son rythme, c'est se souvenir de lui quand il fait appel. » (Brigitte demande à voir l'assistante de service social quand elle vit des situations difficiles ou conflictuelles dans son environnement professionnel.)

Concluons avec Winnicott : « Votre travail social psychiatrique, le service des cas individuels, peut remplir cette fonction et l'on peut décrire de la manière suivante ce que vous y apportez :
– vous vous penchez sur le cas ;
– vous en venez à savoir ce qu'on ressent à être aidé par vous ;
– vous devenez celui (ou celle) sur qui l'on peut compter dans le domaine délimité de votre responsabilité professionnelle ;
– votre comportement demeure strictement professionnel ;
– vous vous intéressez au problème de votre patient ;
– vous acceptez d'être dans la situation d'un objet substantif dans la vie du patient, tout en gardant en même temps vos deux pieds sur terre ;
– vous acceptez l'amour et même l'état amoureux sans fléchir et sans passer à l'acte dans votre réponse ;
– vous acceptez la haine et vous l'affrontez avec rigueur plutôt qu'avec vengeance ;
– vous supportez l'illogisme, l'instabilité, l'attitude soupçonneuse, la confusion, le manque d'énergie, la médiocrité de votre patient, etc. et vous reconnaissez que toutes ces choses déplaisantes sont des symptômes de détresse (dans votre vie privée, ces mêmes choses vous feraient garder vos distances) ;
– vous n'avez pas peur et vous ne vous laissez pas submerger par des sentiments de culpabilité lorsque votre patient devient fou, qu'il se désintègre, qu'il s'enfuit dans la rue en chemise de nuit, qu'il tente de se suicider et y parvient peut-être. S'il y a risque de meurtre, vous appelez la police non seulement pour vous aider, mais aussi pour aider votre patient. Dans tous ces cas, vous reconnaissez l'appel au secours du patient ou son cri de désespoir parce qu'il a perdu l'espoir d'être aidé ;
– à tous ces égards, vous êtes, dans les limites de votre domaine professionnel, une personne profondément engagée sur le plan affectif et pourtant détachée en même temps, parce que vous savez n'être pas responsable de la maladie de votre patient et que vous connaissez également les limites de vos possibilités d'amener un changement dans une situation de crise. Si vous pouvez tenir la situation en mains, il est possible que la crise se résolve d'elle-même et ce sera grâce à vous qu'un résultat aura été obtenu. »

Cet extrait de l'article sur le travail social des cas de Winnicott fait fortement écho à notre éthique professionnelle, à notre déontologie, et semble être une reconnaissance de notre spécificité d'assistants de service social.

Chapitre 1

L'évaluation dans la relation d'aide

Avant d'aborder l'aspect plus théorique, il nous paraît important de reconnaître que l'évaluation est une création mutuelle du client et de l'assistant de service social. C'est la mise en scène originale et unique d'une problématique qui porte sur le sens et le contenu.

L'évaluation est une élaboration partagée qui va se parler, s'organiser, se structurer au fur et à mesure que se déroule la relation. C'est une prise de risque à la fois pour l'assistant de service social et le client : risque de vivre autrement, risque de changer.

Généralités

L'évaluation en service social est une démarche professionnelle. L'objectif est d'aider une personne dans sa situation actuelle, avec les actes qu'elle pose ici et maintenant, son passé, son environnement, son devenir, avec ses désirs, sa démarche dans un cadre donné (en interrelation avec un assistant de service social mandaté par le service). L'évaluation d'une situation n'est pas séparée du cadre institutionnel qui a ses missions et ses objectifs. Avec sa rigueur et ses contraintes, c'est un espace à trouver, à créer, entre ce qui existe de l'autre et l'assistant de service social qui reçoit, avec ce qu'il est professionnellement et personnellement.

Comment établir avec l'autre une relation qui ait un sens, à la fois pour le client et pour l'assistant de service social ? Nous ne sommes pas dans le cadre d'une rencontre amicale : nous entrons avec le client dans sa vie, à propos de difficultés qu'il rencontre, comme si ces problèmes n'étaient plus que le seul lien ténu de toute son existence. Nous sommes amenés à le rencontrer dans un lieu de travail : à la permanence ou à son domicile, parce qu'il a une « demande » ou qu'il n'en a pas, et que nous sommes assistants de service social. Une fois l'espace créé, est-ce suffisant pour qu'il se passe quelque chose ? Est-ce suffisant pour que les processus destructeurs en marche, générateurs d'angoisse, déstabilisants, soient modifiés ?

Nous sommes sensibles à la souffrance exprimée, nous avons le désir d'aider. Le client exprime un besoin, un manque, et ce besoin peut être en deçà des mots. Lorsque la parole est insuffisante, nous devons inventer, trouver avec lui l'espace relationnel qui peut prendre sens pour lui et pour nous.

Ce n'est pas sans angoisse que nous nous retrouvons face à l'inconnu, à ce client qui induit la peur du vide, la peur du risque. Pour qu'elle prenne le sens d'une aide, la relation est d'abord une mise en jeu, dans une rencontre originale et unique, de la peur, des sentiments peu élaborés, afin qu'ils soient reconnus, acceptés, et qu'ils deviennent peu à peu des éléments de la dynamique personnelle.

Pour l'assistant de service social, l'effort de maîtrise sur soi permet d'accepter ses peurs, ses angoisses, qui peuvent alors être utilisées pour créer un élan, un espace. Apprendre à développer l'empathie en acceptant ce que nous sommes et ce qu'est le client permet de se laisser conduire par l'attente de l'autre. C'est la position professionnelle que nous privilégions, afin que la liberté de pouvoir rencontrer l'autre prenne place. L'espace naît du mouvement spontané de l'un et de l'autre, à partir de ce que l'on peut sentir de l'autre en soi. Lors de cette rencontre, chacun ayant déposé ses a priori, son inconnu, les processus déstabilisants, destructeurs, à l'œuvre chez nos clients, ont quelque chance de se modifier. Le jeu est difficile, parfois limité ; la liberté individuelle, l'exigence de disponibilité, le professionnalisme ne peuvent pas toujours endiguer les facteurs de déstructuration à l'œuvre chez les personnes. Dans les situations que nous avons retenues, l'espace de la rencontre a permis que la personne ait envie de changer. L'aide psychosociale individualisée, ou *case work*, utilisée obéit à des principes de travail décrits par Myriam David (*L'Aide psychosociale*, PUF) issus de connaissances fondamentales de psychologie dynamique ; ils « ne sont de ce fait ni nouveaux, ni spécifiques au service social ». Myriam David montre comment les utiliser pour un meilleur accomplissement de notre fonction. Nous en livrons les bases qui demeurent pertinentes dans la pratique actuelle de l'aide aux usagers du service social.

Le concept de l'unité psychosociale

Tout au long de son histoire, et de façon encore plus marquée à la fin du XIXe siècle, le service social a surtout cherché à répondre aux besoins sanitaires, socio-économiques et matériels des personnes rencontrées. « Bien [que le service social] ait toujours été soucieux d'apporter à cette occasion une aide morale et éducative, les besoins psychologiques étaient souvent mal connus. L'importance des facteurs psychologiques à l'origine d'une situation, les problèmes psychologiques qu'elle engendre, leur influence sur les autres aspects de la situation montrent la nécessité de tenir compte de façon systématique de tous ces facteurs » (Myriam David).

Les conditions de précarité mettent en exergue des besoins matériels prédominants et nécessitent la mise en place de dispositifs adaptés. Cependant, si nous souhaitons que nos clients puissent utiliser leur énergie de façon constructive, « il ne s'agit pas d'adapter les personnes à leurs mauvaises conditions de vie, ni de les leur faire accepter » ; il s'agit de les rendre aptes à lutter pour en sortir, en utilisant au mieux les *ressources existantes à l'extérieur*, mais aussi en leur apportant le soutien nécessaire afin d'éviter de les laisser se dévaloriser et de perdre ainsi « l'estime de soi » dont tout être humain a besoin pour ne pas sombrer dans des réactions d'autodestruction.

Tout au long de cet ouvrage, nous insistons sur les relations qui existent entre tous les besoins et l'importance pour le service social d'en faire une évaluation exacte, afin d'orienter son action de façon adéquate. « Le principe d'unité psychosociale commande au service social de tenir compte non seulement des problèmes psychologiques inhérents à une situation donnée, mais aussi de ceux liés à la personnalité du client et de ceux inhérents à la situation d'aide. »

L'importance des motivations affectives du comportement

Il s'agit, pour le service social, de retrouver les notions fondamentales de la psychologie dynamique sur la compréhension du comportement humain. « Le comportement, dit M. David, n'est pas le fait du hasard, il a une signification profonde, il ne répond pas seulement à des motifs rationnels, mais à une nécessité interne émotionnelle. » Savoir que les motivations affectives sont complexes, individualisées, en grande partie inconscientes, qu'elles se rapportent à des expériences passées et dépendent de la structure de la personnalité, rend le service social conscient de la nécessité, pour aider un client, de comprendre la signification de son comportement, et de trouver des méthodes d'aide qui tiennent compte de ses exigences affectives.

Dans un premier temps, les assistants de service social doivent considérer les sentiments de leurs clients pour évaluer le besoin d'aide. Répondre seulement à la demande formulée par le client sans aborder le vécu de la situation ne résout en rien son problème. Si l'assistant de service social favorise l'expression des sentiments vécus lors de la situation présentée, il montre de façon personnalisée son intérêt pour le désarroi de son client et indique ainsi qu'il souhaite l'aider également dans ce domaine. « La compréhension des sentiments multiples qui animent les clients, des mécanismes psychologiques par lesquels ils y répondent, de leur influence sur le comportement, tous ces facteurs sont pris en considération dans l'évaluation psychosociale du besoin d'aide. »

Il s'agit donc, pour l'assistant de service social, de mieux comprendre la demande d'aide exprimée par son client, sachant qu'elle est un moyen qu'il utilise pour formuler ses besoins. Ainsi, la comprenant mieux, il pourra mieux l'aider.

« La compréhension psychodynamique du comportement conduit l'assistant de service social à comprendre différemment les attitudes inadaptées des clients, leur tendance fréquente à adopter des solutions en partie désavantageuses, leurs difficultés à changer d'attitude et leur résistance possible à un plan d'aide apparemment favorable [...] l'assistant de service social sait que les attaquer de front menace le client, renforce sa résistance, d'où la nécessité de favoriser l'évolution des sentiments qui déterminent les comportements défavorables » (Myriam David, *L'aide psychosociale*). Pour répondre à la fois aux nécessités d'évaluation et de traitement, il faut avoir intégré également les méthodes d'entretien.

L'assistant de service social ne s'intéresse plus exclusivement aux faits exposés par le client ; en cherchant à comprendre la situation à travers ses paroles et ses attitudes, il prendra en compte les sentiments qui l'animent. Il permet ainsi à son client de mieux saisir la nature de son besoin d'aide et de le formuler d'une façon plus appropriée. Il peut alors trouver avec lui une solution mieux adaptée à ses besoins réels.

La compréhension psychologique de la situation d'aide

La situation d'aide suscite beaucoup de sentiments chez celui qui reçoit comme chez celui qui donne. M. David écrit : « Être aidé, c'est devenir dépendant, c'est revivre un conflit important du passé au cours duquel donner-recevoir a soulevé beaucoup d'ambivalence [...]. Tous ces sentiments sont revécus avec une intensité variable selon la personnalité des clients et leurs expériences passées. » Dans une relation d'aide, il faut évaluer les réactions de nos clients au sujet de l'aide qui peut être donnée. Il peut arriver que ces réactions conduisent les assistants de service social à adopter des attitudes de persuasion, de pression, néfastes pour le client. « C'est la nécessité d'opposer à l'ambivalence du client une attitude qui lui permette de la surmonter qui a conduit les assistants de service social, formés à la méthode d'aide psychosociale individualisée, à reconnaître l'importance fondamentale des principes psychologiques de l'aide » (Myriam David) : acceptation, respect de l'autonomie et, pour l'assistant de service social, ce que M. David nomme « neutralité affective » – terme qui peut prêter à confusion.

En effet, dans la réalité quotidienne, chacun éprouve des affects : colère, agressivité, peur... Il est important de bien les reconnaître en soi, afin de pouvoir écouter, comprendre l'autre et lui répondre. Par ailleurs, pour un assistant de service social qui partage les sentiments d'un client, il n'est pas simple de résister à une identification qui le conduit à prendre parti pour un client contre une personne de son entourage, par exemple. On voit alors combien il est nécessaire, pour entrer dans une relation d'aide, de pouvoir évaluer et mieux connaître nos propres sentiments, afin que l'aide soit proposée en fonction des besoins du client et non de notre projection personnelle.

Traiter de la méthodologie de l'évaluation en service social nécessite de différencier l'évaluation de l'enquête sociale.

L'assistant de service social effectue une enquête lorsqu'il a une mission précise émanant de son service (acte administratif, acte initié par la justice afin d'effectuer à la fois une information et un contrôle). En revanche, l'évaluation est signifiante de l'action. Elle fait appel aux connaissances de l'assistant de service social en divers domaines (psychologie, sociologie, économie, droit, etc.) ainsi qu'à ses capacités relationnelles et à son éthique professionnelle. Il s'agit de mettre en relation les constantes (conduites identiques, problèmes chroniques, etc.), les variables, les points forts et les points faibles d'une situation et d'une personne. L'évaluation repose sur trois points : 1. La demande est-elle en relation avec les missions du service ? 2. Si cette demande est recevable dans le cadre institutionnel, quels sont les moyens que s'est donnés la personne pour commencer à résoudre son problème ? Quelles sont ses potentialités et ses fragilités ? Pourra-t-elle utiliser l'aide proposée et s'en servir ? 3. Il faut définir avec la personne les priorités, et classer par ordre d'importance les problèmes à résoudre.

L'évaluation n'est pas statique, elle varie en fonction de l'évolution de la relation, de la résolution des problèmes et de l'évolution de la personne. Elle permet à l'assistant de service social de poser dans un premier temps des hypothèses de travail, puis de vérifier avec la personne la pertinence des projets mis en place pour résoudre les difficultés.

Cette démarche demande du temps, celui de la réflexion, afin de ne pas se tromper et de ne pas tomber dans le système « demande-réponse » préjudiciable à l'écoute de la personne. Plus la situation s'avère complexe, plus il est nécessaire de mettre en place des procédures évaluatives. Dans le cas des enfants maltraités, par exemple, il est souhaitable que l'assistant de service social travaille en concertation et partage son évaluation avec d'autres travailleurs sociaux.

L'évaluation est une étape indispensable qui permet de diriger l'écoute sur la personne et d'analyser avec elle le contenu de sa demande afin de faire émerger son projet et les possibles de la situation. L'assistant de service social doit tenir compte de son évaluation, mais aussi de son éthique, de sa déontologie et du projet de l'institution. Il ne peut rester enfermé dans une bulle avec son client. Le projet de la personne et le sien doivent être en adéquation avec les missions de son institution, afin que la personne soit prise en compte dans sa dimension de sujet, mais aussi dans son devenir en tant qu'acteur et citoyen de la société.

Méthodologie de l'intervention

Les conditions nécessaires à l'instauration de la relation d'aide supposent que les assistants de service social acquièrent parallèlement la maîtrise d'une méthodologie de l'évaluation au cours de leur formation. Dans ce travail d'écriture, chacune d'entre nous a appliqué cette méthodologie en intégrant des connaissances acquises par des lectures mais aussi lors de formations qui ont permis de l'adapter aux situations rencontrées et contrôlées (nous voulons parler ici des supervisions).

S'il est impossible de citer de façon exhaustive ces référents théoriques (ils sont répertoriés dans la bibliographie), il nous paraît malgré tout important de résumer ceux qui nous ont particulièrement marqués. Ils nous guident toujours dans la recherche des objectifs poursuivis afin d'apporter l'aide la plus adaptée aux personnes que nous rencontrons dans nos permanences ou à domicile.

Mathilde Duranquet, superviseur et enseignante, décrit les étapes de la méthodologie d'évaluation en service social individualisé *(case work)* dans le cadre d'un cours [1].

Le milieu

L'étude sociale – qui est différente de l'enquête – met l'accent sur plusieurs facteurs :
– le cadre dans lequel s'effectue la rencontre avec les clients. En effet, les choses sont différentes, à la fois pour l'assistant social et pour le client, selon que ce dernier est reçu dans le lieu neutre d'une permanence ou qu'il reçoit l'assistant à son domicile ;
– la notion d'environnement qui prend une dimension toute particulière dans le contexte actuel (qu'il s'agisse de grands ensembles ou de logements isolés en milieu rural) ;
– le milieu économique qui permet souvent de situer la problématique (chômage, recherche de travail...). L'attitude de la personne face à ses difficultés, ses capacités à poursuivre ses démarches sont autant de facteurs que l'assistant de service social peut prendre en compte pour construire avec la personne un plan d'aide adapté ;

1. Ce schéma s'inspire des travaux de recherche d'Alice Voiland, Lilian Ripple, Mac Hunt et Kogan, Werner Boehn.

– le milieu culturel et social des clients qui sera évalué de la même façon, afin d'utiliser et de favoriser le soutien de l'entourage familial et social et d'apprécier les capacités de socialisation des personnes. Notre client et sa famille peuvent-ils saisir les ressources communautaires de leur quartier ? Savent-ils les utiliser ?

Les personnes

Le travail individualisé que nous préconisons nous demande d'être attentifs à l'environnement familial de nos clients. Très vite, nous percevons l'importance liée à la présence ou à l'absence des personnes qui constituent cet environnement. Certaines sont présentes lors des visites à domicile, d'autres vivent en dehors du foyer mais pèsent lourdement dans la problématique de nos usagers. Avec l'éclairage de leur histoire souvent évoquée avec les souvenirs (depuis l'origine sociale, ethnique jusqu'aux récits des séparations, des divorces, des décès...), nous pouvons mieux comprendre leur façon d'appréhender et de vivre les événements actuels. L'évaluation de la dynamique familiale nous aide de la même façon à comprendre le fonctionnement de la famille dans son ensemble et dans plusieurs domaines : économique, domestique, éducatif, mais aussi affectif, conjugal, parental, fraternel...

Pour F. Hollis, la théorie des systèmes permet de vérifier que tout changement d'un élément provoque des changements dans cet élément et dans ses relations avec les autres éléments. Il deviendra possible de s'appuyer sur les capacités de chacun et de redynamiser les forces vives.

L'évaluation indispensable pour entreprendre une relation d'aide met l'accent sur la nécessité de localiser les domaines dans lesquels le fonctionnement est défectueux. Il est alors possible d'identifier les personnes en cause sur les plans physique, intellectuel ou affectif, et ainsi de repérer les ressources qui seront utilisées dans la résolution des problèmes exprimés.

Quelles sont les motivations de nos clients pour résoudre leurs difficultés ? Quelles sont leurs capacités à trouver des solutions ? Sont-elles réalistes ? Savent-ils utiliser l'aide apportée par l'assistant de service social, mais aussi les ressources existant dans leur entourage (voisinage, famille, équipements du quartier) ? Ce travail d'évaluation s'effectue peu à peu au cours des rencontres ; il permet de progresser dans la compréhension de la personne, de sa problématique, et d'adapter ainsi plus finement l'aide qui peut lui être proposée.

À partir d'une communication non verbale : Jean-Marie

La situation sociale de Jean-Marie a été suivie à la fois par une assistante sociale et par une éducatrice de l'équipe pluridisciplinaire de SAMPS [2]. Durant la prise en charge, des évaluations, des synthèses et des supervisions ont permis que l'ensemble de l'équipe soit interlocuteur et intervenant indirect. Le suivi a été fait exclusivement à domicile. L'objectif du service d'aide et de soins à domicile est d'aider précocement, de favoriser le développement des enfants en grande difficulté et de soutenir les parents dans leur tâche éducative.

La famille de Jean-Marie est connue du CMPP [3] de secteur qui suit Daniel, l'aîné des enfants. M. et Mme H. n'ont jamais parlé des problèmes de Jean-Marie. C'est au cours d'une visite au domicile, qui n'était pas prévue, que l'assistante sociale du CMPP découvre Jean-Marie. C'est un enfant de 3 ans, petit pour son âge, au physique agréable, qui lui apparaît comme un enfant en grande difficulté.

Ce jour-là, l'enfant se montre terrorisé par la présence de l'assistante sociale, il ne parle pas, il hurle, se roule par terre, se fait vomir. L'assistante sociale se rend compte du désarroi de Mme H., de son angoisse (elle se dit désemparée, malheureuse et honteuse). Il est proposé à Mme H. de téléphoner au SAMSP afin qu'une éducatrice vienne s'occuper de Jean-Marie.

À la suite de cet appel, le responsable et une éducatrice se rendent au domicile des parents qui accepteront l'intervention de l'éducatrice deux fois par semaine au domicile, en présence de la mère. Le CMPP poursuivra son intervention et l'assistante sociale son suivi auprès des parents.

Dès le début de la prise en charge, Daniel ne se rend plus au CMPP. Les parents ont décidé d'interrompre son suivi, expliquant que le vrai problème est Jean-Marie et que Daniel va beaucoup mieux depuis que l'on s'occupe de Jean-Marie. L'éducatrice du SAMSP commence ses interventions aussitôt

2. SAMPS : service d'action médicale précoce et sociale.
3. CMPP : centre médico-psycho-pédagogique.

après les vacances de Pâques. Les premières séances sont difficiles ; Jean-Marie est toujours très angoissé. La mère, désireuse que tout se passe bien, est interventionniste et sa « grosse voix » semble impressionner tout le monde... Les séances se poursuivent ainsi jusqu'en juillet. Durant le mois de vacances, les deux enfants de la famille, Daniel et Jean-Marie, sont confiés aux grands-parents ; Jean-Marie semble accepter plus facilement les interventions de l'éducatrice.

En août, le SAMPS est fermé. En septembre, les séances reprennent et là, rien ne va plus. L'éducatrice constate une détérioration de plus en plus grande : Jean-Marie est aux prises à des angoisses que rien ne peut plus calmer, il hurle, se cramponne à sa mère, donne des coups de pied dans tous les sens, se fait vomir. M. et Mme H. sont effondrés, désemparés et avec l'éducatrice, ils souhaitent abandonner, de plus en plus perdus face à Jean-Marie.

Après avoir fait le point sur la situation, le service envisage de se ranger à l'avis des parents. Il souhaite pourtant faire un dernier signe pour montrer qu'il n'abandonne pas sans avoir compris quelque chose... Quoi ? Personne ne le sait vraiment. C'est donc dans ce contexte que l'équipe me demande de voir ces parents pour leur dire au revoir.

Pour le CMPP, il n'y a aucun inconvénient à ce que je rencontre M. et Mme H. et suive éventuellement la famille. M. et Mme H. acceptent de me recevoir. Ils m'attendent. Je n'ai aucune idée sur ce que je vais pouvoir dire ou faire.

À mon arrivée, M. H. tient Jean-Marie dans ses bras, Mme H. m'introduit dans la salle à manger et m'invite à m'asseoir ; M. H. s'assied dans l'autre fauteuil, Jean-Marie sur ses genoux. Un bar en forme de globe terrestre nous sépare. Mme H. nous fait face, assise sur un tabouret.

Jean-Marie se cramponne, refuse de me regarder malgré les injonctions de son père. Il cache sa tête et se met à hurler dès que son père veut changer de position. Mme H. prend la parole pour présenter la famille, son mari, Daniel, Jean-Marie, elle-même. Elle parle un peu de son origine espagnole et s'excuse de son accent. M. H. exprime son inquiétude à propos de son fils : « Je ne comprends pas pourquoi il est ainsi, dès qu'il voit quelqu'un qu'il ne connaît pas, il pleure, se fait vomir. » Je reconnais que tout cela est bien difficile pour tout le monde.

M. H. parle de la naissance de Jean-Marie, des difficultés alimentaires du premier âge, de la malformation cardiaque, des insomnies persistantes qui sont insupportables pour tous.

Mme H. se tait. M. H. essaie, à ce moment-là, de lui rendre l'enfant, Jean-Marie hurle. M. H. dit alors : « C'est moi qu'il préfère, je suis la seule personne qui le rassure. »

Je reconnais que sa présence est en effet très importante. M. H. donne des exemples et raconte quelques anecdotes se rapportant à sa présence rassurante. Pendant ce temps, Jean-Marie relève la tête et jette un petit coup d'œil vers moi. J'évite de rencontrer son regard. M. H. s'arrête de parler, regarde son fils. Le silence s'installe. Je ne bouge pas, pour que l'enfant ne soit pas effrayé. M. H. approche sa main du globe terrestre et la pousse du bout des doigts. Jean-Marie regarde le mouvement et marque une surprise. Lorsque la boule s'arrête, il avance son doigt et appuie un peu, se cache aussitôt dans le cou de son père. M. H. la fait tourner un peu plus fort, l'enfant s'intéresse de nouveau à la rotation, j'avance alors légèrement un doigt et freine le mouvement. L'enfant me regarde bien en face et relance le mouvement de la boule.

Je pose ma main sur le globe pour l'arrêter et le faire tourner doucement dans l'autre sens. Le jeu s'installe, Jean-Marie pousse dans un sens, je maintiens le mouvement ou bien je freine et fais tourner la boule à l'envers. L'enfant suit, refait les mêmes gestes que moi. Le jeu se poursuit dans le plus grand silence. Soudain, Jean-Marie découvre qu'il joue : angoissé, il a des sanglots, des spasmes nerveux, il se blottit dans le cou de son père.

M. H. reprend le jeu en disant : « Regarde, je la fais tourner moi aussi. » Jean-Marie attrape les doigts de son père, lui fait faire le mouvement, puis s'avance vers ma main que j'ai laissée près du globe. Il cherche ensuite à ce que M. H. attrape mes doigts. J'obéis au désir de l'enfant et je touche les doigts de M. H. sur le globe. Je sens alors le recul et, d'une pression des doigts, je maintiens les siens, puis je pose ma main sur la sienne pour qu'il n'ait pas de mouvement brusque qui pourrait effrayer Jean-Marie, mais aussi pour l'encourager et le maintenir avec une certaine chaleur.

Brusquement, l'enfant éclate de rire et vient avec son petit doigt toucher ma main posée sur celle de son père. Lorsque je sens que M. H. se détend et que sa main se réchauffe, je la pose à côté de la sienne sur le globe terrestre. Jean-Marie crie de joie, désire que son père prenne ma main, ce qu'il fait avec encore quelque hésitation. Jean-Marie pose ensuite sa main entre celle de son père et la mienne et nous faisons ensemble tourner le globe tantôt dans un sens, tantôt dans l'autre.

Lorsque le jeu est bien lancé, j'encourage du geste Mme H. à participer. Elle aussi a des difficultés à établir un contact avec ma main. Peu à peu, je la sens se détendre, M. et Mme H. sont complètement absorbés par le jeu, l'angoisse de Jean-Marie a disparu, il participe, rit aux éclats. Il est tout à fait détendu dans les bras de son père. Ce dernier me paraît lui aussi beaucoup plus à l'aise. L'enfant retire ensuite sa main et veut nous regarder faire tourner le globe, son père, sa mère et moi ; il y prend beaucoup de plaisir. Lorsque je vois que l'intérêt baisse, j'arrête le jeu. Peut-être pourrions-nous recommencer une autre fois de la même façon ?

M. et Mme H. me disent leur soulagement qu'enfin Jean-Marie ne soit plus paniqué. Ils souhaitent recommencer très vite la même expérience.

Le deuxième entretien a lieu huit jours plus tard. À mon arrivée, l'enfant est angoissé. Cependant, il n'est plus dans les bras de son père et ne cherche pas à se cacher. Il a peur, mais il est aussi très excité. Jean-Marie nous conduit, nous fait nous asseoir, grimpe sur les genoux de son père. Je reprends la même place, ainsi que Mme H., et le jeu recommence sans parole : juste un encouragement du geste par le contact, d'abord du bout des doigts, puis des mains, sur le globe terrestre.

Rapidement, l'enfant est de nouveau tout à fait détendu, les parents aussi, tout le monde se poursuit pour faire tourner la boule dans un sens, puis dans l'autre. J'attrape plusieurs fois les doigts de Jean-Marie, il rit, retire légèrement sa main et recommence. M. H. arrête soudain le jeu et veut que je prenne l'enfant sur mes genoux. Aussitôt l'enfant se raidit et se met à hurler, je dis : « Peut-être que Jean-Marie a encore besoin de continuer à jouer entre son papa et sa maman. »

M. H. reprend l'enfant et ouvre le bar. Jean-Marie rit aux éclats, il vient de découvrir que le globe s'ouvrait aussi. Jean-Marie reprend, ouvre et ferme. Mme H. rit et dit : « Il est malin, il a compris. » Jean-Marie tend les bras vers sa mère qui le prend avec satisfaction sur ses genoux, puis l'enfant descend et revient vers son père. Le jeu entre le père et la mère se poursuit un moment. Je redis que c'est très encourageant. Puis l'enfant se dirige vers la cuisine et nous abandonne.

M. H. dit ne pas comprendre où cette activité va nous mener, mais, au point où il en est, il ferait n'importe quoi pour que l'enfant s'apprivoise et m'accepte. Il poursuit sur les difficultés relationnelles qu'ils rencontrent avec Jean-Marie : il est d'une sauvagerie qui les empêche tous de vivre : ils ne peuvent pas sortir sans qu'il hurle de frayeur à chaque pas ; ils ne peuvent recevoir personne à la maison, Jean-Marie a davantage peur des femmes que des hommes.

Mme H. évoque ensuite un essai de séparation qui la culpabilise beaucoup. Elle a tenté de mettre Jean-Marie à l'école. Il y est resté deux matinées. Cela a été épouvantable, il n'a pas cessé de hurler, de vomir, de se rouler par terre. Mme H. trouve qu'il est encore plus sauvage depuis.

Je reconnais que cette expérience a dû être bien pénible pour tous. Mme H. hoche la tête : en effet, Daniel, l'aîné, lui a reproché de ne pas avoir continué, il n'a pas compris, il n'a vu qu'une chose : « Pour lui, on avait insisté, malgré ses pleurs. » Il a même accusé sa mère de l'avoir « laissé à l'école ». Mme H. a essayé de faire comprendre à Daniel que Jean-Marie n'était pas un enfant comme les autres. Il lui a répondu qu'« il ne voulait pas de frère ». Mme H. a réprimandé Daniel, en insistant sur la nécessité de beaucoup aimer Jean-Marie parce qu'il n'est pas normal. « Daniel est jaloux. Je ne sais plus que faire… »

Je reconnais qu'elle doit être très blessée par l'attitude de Daniel, mais que, pour ce dernier, il est peut-être difficile de comprendre certaines choses. À 7 ans, il a une idée très différente sur ses parents et sur le monde en général. M. et Mme H. expriment leur désarroi : ils se sentent isolés, perdus, découragés ; ils ne savent plus que faire avec des enfants aussi difficiles. Je dis comprendre que, sans famille proche, sans personne avec qui partager ces soucis, cela doit être très lourd. Ils approuvent silencieusement, ajoutant qu'ils ne sont pas heureux. Les enfants ont tout gâché, ils n'ont pas de vie de couple, c'est ce qui leur manque le plus ; ils ont des soucis avec Daniel, et maintenant Jean-Marie les inquiète beaucoup.

Lors du troisième entretien, le jeu avec le globe terrestre recommence. Jean-Marie joue immédiatement avec les mains de son père, de sa mère, les siennes, la mienne. Le jeu dure moins longtemps.

L'enfant grimpe et descend des genoux de son père pour aller sur ceux de sa mère. Il hésite un peu lorsqu'il passe devant moi. À un moment, son père me le met dans les bras, Jean-Marie est surpris, mais ne pleure pas, je le redonne à sa mère en lui disant : « Je ne te garde pas. » Le jeu s'installe ; à chaque fois que l'enfant se trouve dans mes bras, je le rends au père ou à la mère en le formulant à Jean-Marie. L'enfant passe de l'un à l'autre et rit. Quand je le tiens, je le berce un peu, le père et la mère reprennent le balancement, l'enfant se détend et sourit. M. et Mme H. se détendent.

M. H. s'adresse à moi : « Je crois qu'il est apprivoisé, maintenant cela se passera bien, il commence à vous connaître, il n'a plus peur de vous. » La parole a repris naturellement, M. H. parle de lui, de son travail, de son souci pour Daniel, du désir qu'il a eu que Jean-Marie soit une fille. Il n'aura pas d'autre enfant. Il a eu trop de déception avec ces deux-là.

M. H. dit sa fatigue, sa lassitude de la vie, son dépaysement. Il est d'origine espagnole. Il était adolescent quand il est venu en France retrouver son père qu'il ne connaissait pas. Il a un frère aîné ; une sœur cadette est née lorsque la famille s'est réunie. Son frère et lui ont eu beaucoup de difficultés à accepter leur père autoritaire et violent. M. H. n'a pu s'adapter en France. Ses parents s'y plaisent mais lui n'a plus aucun pays. Il n'a pas pu reprendre ses études, il était complètement perdu. Son père a exigé qu'il fasse quelque chose, et il a pris un métier manuel. C'est un bon travail, mais il n'aurait jamais été artisan-peintre s'il n'avait pas été obligé de gagner sa vie. Durant ce monologue, Jean-Marie reste immobile sur les genoux de son père, attentif à ce qu'il dit.

À la quatrième visite, M. H. n'a pas pu se libérer ; c'est donc avec Mme H. que l'entretien se déroule. C'est d'abord le jeu du globe terrestre avec Jean-Marie, Mme H. ayant naturellement pris la place de son mari. Rapidement, Mme H. arrête le jeu. L'enfant court dans le couloir, puis revient avec tous ses jouets pour me les montrer. Il suce un jouet, le fait sucer à sa mère et me le tend. Ensuite, il s'installe à mes pieds, très intéressé par mes chaussures et mon sac.

Mme H. laisse faire et commence à parler d'elle. Elle est espagnole, cousine au premier degré de son mari. Elle ne s'est pas habituée à la vie en France. Elle est très attachée à sa mère, qui est « plus qu'une mère, une vraie sœur ». Son père et sa mère ne s'entendaient pas. Lorsque Mme H. s'est mariée, sa mère n'a pas supporté la séparation, elle s'ennuyait beaucoup de sa fille et elle est morte quelques mois après le mariage.

Mme H. parle de sa terrible solitude ; elle n'a personne à qui parler. Ses beaux-parents, qui sont aussi son oncle et sa tante, sont gentils, mais ils ne comprennent pas les difficultés du couple. Elle aurait tellement voulu que sa mère vive ! Elle aurait pu partager avec elle ses maternités. Les enfants n'ont pas comblé le vide laissé par la mort de sa mère. Elle ne sait plus qui elle est. Elle n'est plus espagnole, elle n'est pas française, elle est de nulle part, comme son mari. Heureusement, ils s'aiment, ils représentent tout l'un pour l'autre.

Analyse de l'instauration de la relation

Si je devais évaluer ce qui s'est passé, je ferais référence à Winnicott, à l'aire transitionnelle, l'espace créé par le jeu.

Dans le cas de Jean-Marie, la parole, qui est un outil du service social, n'était plus un « lien et lieu possibles ». Mme H. avait déjà exprimé son découragement, sa culpabilité, elle n'en avait ressenti aucun soulagement. L'angoisse de Jean-Marie la paniquait, envahissait aussi l'éducatrice, paralysait tout le monde. Il n'y avait plus d'espace, plus de distance, la parole était impuissante à contenir, à calmer, elle perdait son sens.

Je n'ai pas voulu jouer mais je n'ai pas su faire autrement. Tout est parti de presque rien : le doigt de M. H. qui faisait tourner la boule pour un petit garçon perdu. En réfléchissant à cela par la suite, je me suis rappelé le jeu de *squiggle* que Winnicott instaurait avec ses jeunes patients. C'était un espace, un moyen d'établir une communication et d'entrer avec eux dans leur préoccupation. Bien sûr, il ne s'agissait pas de dessiner, mais cela avait bien à voir avec une inscription, une aire de jeu ; nous avions joué ensemble, nous n'avions pas à nous en expliquer.

L'intérêt symbolique de la sphère représentée par le globe terrestre m'est apparu ensuite. Qu'elle soit patrie, mère, terre, que l'on en parle en termes de positif-négatif, de va-et-vient, d'endroit-envers, d'ouverture-fermeture, de mâle-femelle, de naissance-mort, elle est pour chacun de nous un objet qui fait rêver.

Il y a eu aussi la rencontre des mains chargée de sens : des mains qui maintiennent, manipulent, créent, expriment aussi le lien social.

Privilégier ce jeu afin qu'il prenne sens à la fois pour l'adulte et pour l'enfant a été la clé de la relation d'aide qui a pu s'instaurer ensuite. L'important fut sans aucun doute que les adultes aient pu jouer ensemble et se passionner avec Jean-Marie pour ce jeu-là.

Au fur et à mesure que la parole a pris place, qu'elle a remplacé les gestes, le globe a perdu de son intérêt. Elle est en quelque sorte entrée dans l'oubli.

Dans la pratique professionnelle de l'assistante sociale, le geste renvoie à la familiarité, à l'intimité. Toucher quelqu'un engage le corps, autre chose de soi, un corps reconnu sexuellement. C'est un corps à corps singulier, particulier. Ce qui peut faire la différence, c'est la manière dont l'assistante sociale engage son corps comme outil de communication. M. H. avait froid. L'assistante a utilisé son ressenti pour donner spontanément de la chaleur. C'est communiquer de la vie pour qu'elle reprenne ses droits, avant d'analyser autre chose.

Si ce geste est repris ici comme technique d'aide, c'est parce qu'il a permis de commencer à renouer avec la vie de tous les jours. Le geste était sans doute une possibilité d'aborder l'angoisse ; il était démuni, dépouillé d'identité repérée, il existait. Peut-être était-il dans l'attitude d'attente d'un tout-petit à l'égard de sa mère. Auquel cas, il était dans l'ordre de l'« hallucination », au sens winnicottien de l'attente, et le geste était la réponse à l'attente [4].

Le geste, c'est certain, peut effrayer. Cela renvoie au problème de l'acquisition d'une certaine « certitude » professionnelle. Accepter pour un temps d'être rien et tout est déstabilisant, et renvoie l'assistante sociale à son besoin d'être reconnue, acceptée professionnellement, pour pouvoir continuer à s'accepter librement et à se recevoir autrement. La proximité a besoin d'être parlée.

À partir de l'écoute de l'assistante sociale : M. et Mme L.

Il s'agit ici d'une évaluation de la relation d'aide à partir de l'écoute de l'assistant social travaillant dans un service spécialisé dont une des missions vise la prévention de la perte d'autonomie des personnes malades, handicapées et/ou âgées.

Le mari de Mme L., gravement malade, est de retour à la maison à la suite d'une hospitalisation de longue durée. Mme L. indique à la secrétaire qu'elle souhaiterait pouvoir bénéficier d'une aide-ménagère. Les ressources du couple sont trop importantes pour pouvoir en envisager l'attribution. En lui indiquant cela, la secrétaire perçoit, au-delà de la demande, des préoccupations sous-jacentes ; elle propose un rendez-vous à Mme L.

Lors de l'entretien, Mme L. parle immédiatement des problèmes qu'a engendrés le retour non préparé de son mari ; elle

4. Processus de la maturation.

n'a été prévenue que trois jours avant sa sortie de l'hôpital. Elle avoue avoir été prise de panique. Bien qu'étant allée voir son mari tous les jours alors qu'il était hospitalisé, il lui semble que son retour à la maison provoque des angoisses terribles chez elle mais chez lui aussi.

La maladie de M. L. a laissé des séquelles importantes. À ce jour, il semble qu'il ne puisse reprendre ses activités antérieures. Mme L. a continué à assurer le fonctionnement d'une entreprise familiale pendant son absence, mais à présent, il ne va plus supporter cette situation.

Elle demande une aide-ménagère tout en sachant qu'il ne supporte personne d'autre qu'elle à la maison. Lorsque je lui demande si elle peut comprendre pourquoi il ne souhaite pas une autre intervention que la sienne, elle s'effondre et m'explique alors la détresse dans laquelle ils se trouvent.

Leur vie a basculé et tout s'est écroulé autour d'eux lorsque que Manuel, leur fils cadet, s'est tué dans un accident de la route. Ils ont cru devenir fous. Ils ont, par ailleurs, une fille plus âgée qui a déjà quitté le domicile familial.

Dans un premier temps, M. L. a sombré dans un état de prostration grave. Peu à peu, malgré tout, il a repris ses activités. Il n'a alors plus qu'une idée en tête : avoir un autre enfant. Mme L, profondément déprimée elle-même, explique qu'elle n'a pu adhérer à ce projet. Elle en a voulu terriblement à son mari de pouvoir lui faire cette proposition, « comme si Manuel pouvait être remplacé ! » Mais, en même temps, elle s'est sentie envahie par la culpabilité de ne pas contribuer à alléger la souffrance de son mari. Neuf mois après, M. L. est admis en urgence aux soins intensifs ; son hospitalisation durera huit mois.

« Que pouvez-vous faire pour nous ? Nous sommes loin d'être dans la misère matérielle, mais nous sommes dans *une misère morale terrible*. Nous ne savons plus qui nous sommes. Nous ne pouvons même plus nous regarder. Nous nous reprochons mutuellement des choses que nous n'osons pas nous dire, pour ne pas nous détruire un peu plus. » Elle ajoute que son mari a décidé de vendre l'entreprise. Que vont-ils devenir ? Mme L. ne sait plus quel sens donner à sa vie. Je compatis sincèrement et me sens moi-même envahie par ces terribles souffrances qui ne peuvent plus se dire.

Je propose une visite à domicile, afin d'évaluer les énergies que M. L. a pu conserver et qui seraient susceptibles de les aider à avancer ; afin peut-être aussi de leur faire entendre mutuellement leurs difficultés, leurs nécessités, pour qu'ils puissent continuer à exister et à vivre avec cette douleur.

Une relation s'engage : « on essaie de dire » ; par mon intermédiaire, M. L. peut arriver à verbaliser l'image et la non-acceptation de sa déchéance physique, le besoin vital pour lui d'avoir sa femme à ses côtés, sa peur qu'elle ne l'abandonne. Elle peut, à son tour, lui confirmer son soutien, mais aussi son besoin « d'aller respirer, de rencontrer des gens ». Des compromis sont trouvés.

De plus, après avoir écouté l'investissement de M. L. sur l'entreprise qu'il a constituée de toutes pièces, il apparaît que le moment n'est pas opportun pour envisager la vente. Peut-être d'autres solutions pourront-elles être trouvées après une période de réflexion ; peut-être différentes possibilités seront-elles envisageables avec le recul nécessaire.

Mes visites sont désormais attendues avec impatience. J'ai l'impression d'être celle que l'on attend pour pouvoir se dire les choses plus intimes en relation avec la souffrance vécue, pour se faire le moins de mal possible. À l'écoute de l'un et de l'autre, ils apprennent à partager leur souffrance ; ils découvrent que si elle s'exprime par des comportements différents, c'est pourtant bien la même. Entre-temps, une femme de ménage a été trouvée par leurs amis. Ils semblent aptes à reconstruire. À certains moments, nous nous sentons très proches. De grands silences font jaillir toute la révolte, la douleur, l'inexprimable du vide laissé par le fils.

On peut noter combien l'écoute attentive dans l'empathie a permis de poser plusieurs évaluations successives concernant l'aide à apporter à Mme L. d'abord, puis à M. et Mme L. ensuite.

Dans un premier temps, sans donner de réponse immédiate à la demande explicite, il s'est agi d'apporter mon soutien à une personne confrontée à la dépendance de son conjoint. L'attitude empathique, la volonté de compréhension des émotions et de la douleur ont permis à Mme L. de partager un vécu encore bien plus douloureux et destructeur : le décès de son fils. La connaissance de tout cela a permis de cheminer avec elle dans sa propre douleur, afin qu'elle se sente reconnue dans ses propres actes.

C'est ensuite parce qu'elle verbalise le fossé que ce deuil a créé entre elle et son mari (« Nous ne pouvons plus même nous regarder... ») que peut être proposée la nécessité de remettre des mots communs sur ce drame qui les a détruits et dont ils évitent de parler pour ne pas risquer de se faire encore plus de mal.

C'est donc bien une troisième évaluation qui a permis de rétablir la parole entre eux, en tenant compte de leur désarroi commun, en s'appuyant sur leur vécu mais aussi sur leurs forces vives et leur capacité d'amour.

À partir de « la recherche d'un nom perdu » : Maria

Il s'agit d'un foyer de vie ayant pour objectif d'accueillir des personnes adultes atteintes de handicap mental, inaptes au travail en structures protégées et sans autonomie sociale et relationnelle suffisante pour vivre « hors institution ».

Ce sont des adultes qui viennent d'établissements médico-sociaux ou sanitaires. Certains possèdent des potentialités mobilisables dans le cadre des activités préprofessionnelles pouvant aboutir à une éventuelle orientation en CAT. D'autres trouvent leur place dans les activités occupationnelles ou d'expression créative et culturelle. Quelques-uns accèdent à une vie sociale plus autonome en appartement individuel avec un accompagnement éducatif personnalisé.

J'ai choisi de montrer l'accompagnement technique et adapté du service social concernant une jeune femme qui fait partie de ces adultes « venus d'ailleurs ». Mon objectif est de montrer l'aspect concret de ma pratique professionnelle, la signification de mon travail dans un domaine professionnel délimité, au sein d'une équipe pluriprofessionnelle.

Maria est arrivée au foyer en fin d'année, venant d'un service psychiatrique où elle était suivie depuis six ans pour des problèmes psychotiques. Âgée d'une trentaine d'années, ancienne « pupille de la nation », elle n'a jamais pu être adoptée car elle est considérée comme handicapée.

Parmi les informations recueillies au moment de son entrée, nous apprenons qu'elle a eu la même famille d'accueil depuis l'âge de 4 ans ; elle considère les quatre enfants de cette famille, tous des garçons, comme ses frères, et manifeste un attachement réel à sa mère nourricière. De 10 à 16 ans, elle est orientée en institut de rééducation, passant ses week-ends et ses vacances dans la famille d'accueil.

À 16 ans, elle commence une formation dans la couture qu'elle poursuit jusqu'à l'âge de 20 ans mais n'obtient pas son CAP.

Les premières manifestations psychotiques apparaissent à cette époque et nécessitent son hospitalisation en psychiatrie. Elle présente des idées délirantes surtout centrées sur des thèmes de perte d'identité sexuelle. Après plusieurs mois d'hospitalisation et une transition en hôpital de jour, elle est admise au centre de postcure.

Deux ans plus tard, elle est de nouveau hospitalisée pendant deux mois pour un état maniaque avec insomnie, hyperactivité, dépenses inconsidérées qui s'inscrivent dans un contexte d'angoisse de séparation. À sa sortie du service, Maria reprend ses activités de jour au centre de postcure mais elle est prise en charge la nuit à l'hôpital psychiatrique.

Un stage au centre d'orientation ayant révélé une impossibilité d'intégration, elle ne peut exercer aucune activité de jour en attendant une place au CAT. Elle refuse toute autre proposition et, au moment de son installation dans un appartement communautaire dépendant de l'hôpital psychiatrique, Maria décide d'interrompre le suivi en consultation et la chimiothérapie.

À 24 ans, elle revient spontanément demander des soins. Elle présente alors une décompensation psychotique sévère. Après plusieurs mois d'hospitalisation à temps plein, un projet d'hospitalisation de nuit dans ce service accompagnée d'un suivi de jour au centre de postcure est mis en place.

Deux ans après, devant la constatation que les capacités de Maria ne correspondent pas aux exigences d'un CAT et en raison de son besoin grandissant de sécurisation à travers un encadrement stable, l'orientation en foyer de vie est prononcée.

Je fais la connaissance de Maria au village, un jour de mauvais temps, alors qu'elle se dirige comme une âme errante vers le local de restauration où nous prenons, avec les résidents, le repas de midi. Je m'arrête pour lui demander si elle souhaite faire le bout de chemin qui reste en voiture. Elle monte et je m'aperçois qu'elle a les larmes aux yeux. Elle m'explique qu'elle est « indisposée ». Elle a mal au ventre et n'a pas suffisamment d'argent sur elle pour acheter des serviettes hygiéniques à la pharmacie. Je lui propose de la conduire jusqu'au supermarché situé à la sortie du village pour qu'elle puisse faire son achat à un prix plus approprié à l'état de ses finances.

Nous déjeunons ensemble et, au moment de nous séparer, Maria me demande si je peux la recevoir en rendez-vous car elle veut m'entretenir d'un problème important.

Quelques mois s'écoulent avant que Maria ne prenne rendez-vous. Elle se présente à l'heure, me semble fragile, parle d'une voix basse en se balançant sur sa chaise. Elle me fait penser à une petite souris sympathique et apeurée. Elle m'annonce en me regardant fixement : « Voilà, je veux que tu m'aides à retrouver ma mère. » Cette demande m'inquiète car je sais que la confidentialité de l'accouchement sous X est garantie par la loi. Le secret sur l'état civil me semble vide de sens, mais je ne peux pas ignorer la détresse, la blessure profonde que recouvre cette demande.

Nous prenons rendez-vous pour un autre entretien. Il me semble important de prendre le temps d'évaluer la demande exacte de Maria. « Retrouver ma mère » : est-ce que cela veut dire connaître ma filiation, savoir d'où je viens, qui je suis ? Est-elle en quête d'un état civil autre que celui de « pupille de la nation » ou veut-elle réellement connaître sa mère, combler ce trou dans son histoire, retrouver la « case départ » de son parcours ?

Lors de notre deuxième rencontre, Maria me déclare ne pas aimer le nom qu'elle porte, qui est aussi un prénom courant. Elle aurait aimé prendre le nom de sa famille d'accueil. Elle voudrait savoir si sa mère est de nationalité française, connaître son âge. Elle sait que son prénom est d'origine étrangère. À l'hôpital, on lui a dit qu'elle avait eu cinq familles d'accueil avant l'âge de 4 ans. Elle veut savoir si cela est vrai.

Devant tant d'interrogations et de détresse, j'éprouve un sentiment d'impuissance grandissant. Malgré les réserves exprimées par l'équipe et ma propre peur de provoquer une rechute, j'explique à Maria qu'elle a la possibilité de consulter son dossier à l'Aide sociale à l'enfance, mais j'insiste sur le fait que cette démarche n'apportera peut-être pas les réponses qu'elle attend ni plus d'informations. Elle me demande de l'accompagner.

Le rendez-vous est pris, et nous nous y rendons ensemble. Nous sommes chaleureusement accueillies par une personne dynamique, enveloppante, très attentive à l'avalanche de questions dont elle se trouve assaillie.

Nous repartons avec beaucoup plus d'informations que ne nous l'avait laissé espérer l'administration. Maria a appris le prénom de sa mère, qui n'avait que 15 ans lorsqu'elle s'est trouvée enceinte. Le père était un garçon de 17 ans avec qui elle n'avait pas de relations suivies. Elle était en cinquième. Issue d'une famille rurale de milieu modeste, son grand-père d'origine espagnole avait acquis la nationalité française par naturalisation. Sa grand-mère gagnait sa vie en faisant des ménages. Ils avaient aussi un fils de 18 ans. La grossesse, vécue comme une honte et un déshonneur pour la famille, a nécessité le placement de la mère de Maria dans une maison maternelle.

Maria a été inscrite à l'ASE alors qu'elle n'avait que 1 mois. Elle a d'abord été placée en famille d'accueil, mais des problèmes respiratoires ont exigé son hospitalisation, puis une cure en centre hélio-marin. Maria a vécu dans une deuxième famille d'accueil à l'âge de 4 ans, mais, n'ayant pu s'y adapter, elle a été placée dans une troisième famille d'accueil un mois après. C'est elle qui continue à accueillir Maria jusqu'à ce jour.

En sortant de cet entretien, Maria exprime son contentement et son soulagement avec une émotion intense. Elle justifie le geste de sa mère : « Ce sont mes grands-parents qui voulaient qu'elle m'abandonne ! » Elle semblait vouloir blanchir de toute faute cette ombre maternelle dont nous venions de faire la connaissance.

Nous sommes rentrées au centre ensemble et avons pris un café dans la chambre de Maria en regardant les albums de « sa famille » (nourricière). Il me semblait important de prolonger ce moment de partage.

Une semaine après notre visite, Maria vient me parler du retard scolaire de sa mère. « Elle n'était qu'en cinquième à l'âge de 15 ans ? » Elle se propose d'expliquer ce retard en avançant l'idée que, venant d'un milieu rural, ses parents la gardaient peut-être à la maison pour la faire travailler. D'ailleurs, avant, c'était comme ça. Les parents de sa famille d'accueil étaient espagnols aussi et elle n'allait pas à l'école quand il y avait des travaux à faire à la maison.

La semaine suivante, Maria est revenue. Elle voulait avoir de plus amples renseignements sur sa mère et souhaitait se rendre au centre hospitalier. Il lui a été difficile d'admettre qu'elle ne pourrait obtenir plus d'informations. Elle n'était pas en mesure de prendre en compte ni de comprendre l'existence du secret professionnel.

L'entretien suivant s'est centré sur ses origines espagnoles. Elle était soucieuse de savoir si, « physiquement », elle avait « quelque chose d'une Espagnole », car elle trouvait « que certaines étaient très typées ». Je me rappelle alors que l'équipe de psychiatrie s'était interrogée sur la légère dysmorphie de Maria qui l'avait conduite à pratiquer un caryotype pour éliminer un syndrome de type Turner. Elle formule son état « d'entre-deux » identitaire (plus proche des psychotiques ou des trisomiques ?) en ces termes : plus proche des Français ou des Espagnols ? Le manque inscrit dans son corps sous forme d'« hypothyroïdie néonatale » est bien équilibré par un traitement substitutif, mais je pense que le manque inscrit dans son psychisme ne trouvera pas de substitution.

Mon refus d'aider Maria à rechercher Michel, un garçon qu'elle avait connu pendant quelques mois, à l'âge de 9 ans, a suscité chez elle une colère démesurée. Elle est partie en claquant la porte après avoir déversé sur moi un flot d'injures. A-t-elle voulu s'exclure, comme ses grands-parents avaient exclu sa mère lors de sa grossesse ?

Des mois se sont écoulés avant la rencontre suivante. Elle sortait d'une hospitalisation en psychiatrie qui avait eu lieu à sa demande au moment des vacances d'été, période que Maria associe à « un abandon ».

Elle est venue me demander de l'aider à obtenir une carte de bus gratuite. Elle avait besoin de circuler ! Elle savait que cette démarche l'obligeait d'abord à présenter une demande de carte d'invalidité à 80 %. Nous avons effectué la demande ensemble et, à son grand étonnement, la Cotorep ne lui a accordé que 60 %. Sa réaction a été violente. Elle s'est sentie lésée. Il me semblait une bonne chose que son handicap soit évalué moins important que celui de la plupart des résidents du centre, mais elle se complaisait dans son statut de victime. Je lui ai proposé de faire appel de la décision et de l'accompagner à la convocation.

Devant la commission d'appel, elle se défend avec acharnement. Elle dénonce le peu d'argent dont elle dispose pour se rendre dans « sa famille » le week-end. Elle obtient gain de cause et la carte lui est accordée après quelques semaines. Sa joie est immense. Maria est comblée.

Cette démarche semble lui apporter un apaisement. Enfant de l'Assistance publique, sans statut, elle obtient enfin par ce moyen une reconnaissance sociale. Elle a le sentiment d'être inscrite dans la société, d'appartenir à quelque chose même s'il s'agit d'entrer dans la catégorie « invalide à 80 % ». Elle est *reconnue*. Ce statut est tout de même, selon moi, porteur d'ambivalence.

Récemment, avant de commencer un stage à l'extérieur de l'établissement, Maria est venue me voir. Elle s'apprêtait à s'inscrire dans un système social. Elle avait peur et m'a reparlé de sa mère en me disant : « J'ai compris que nous ne disposons pas d'arguments suffisants pour la retrouver. » Il ne s'agissait plus d'une demande, mais d'une constatation.

Conclusion et analyse

Pour Winnicott, la psychose est liée à la faillite des soins de l'environnement, lequel n'est pas parvenu à favoriser le processus de maturation chez le nourrisson. Quelquefois, de nouveaux soins, bien adaptés aux besoins de l'individu, peuvent traiter avec succès les troubles psychotiques et relancer une évolution naturelle.

L'objectif principal du travail de l'assistante sociale auprès de Maria était de l'aider à retrouver une identité à travers la recherche de ses origines pour combler un manque primitif et essentiel de son histoire. Il s'agissait de lui accorder un statut social. Le point de départ était de lui fournir un environnement valable et favorable pour lui permettre d'accéder à cette identité.

Il était important de partir de sa situation, de créer un climat de confiance, de l'écouter avec sensibilité. Elle avait alors besoin de quelqu'un sur qui compter, qui réponde à sa demande avec sollicitude et qui accepte son agressivité, sans se laisser submerger par des sentiments de culpabilité.

Corriger les faillites de l'environnement revenait à l'accompagner dans une démarche difficile. Être *avec* et *faire avec* elle. Cela a permis que se crée une relation nouvelle réparatrice avec l'environnement. La réparation de l'environnement a été possible grâce au rôle de bonne mère que j'ai accepté de jouer pour permettre à Maria d'intérioriser la représentation d'une bonne identification maternelle. Il est important de se rappeler que les psychotiques n'ont pas réussi à construire un moi suffisamment fort ni à intérioriser un modèle d'identification.

J'ai toujours eu à l'esprit le projet institutionnel d'un stage en préparation à une réorientation ou une réinsertion sociale. Il fallait favoriser l'autonomie de Maria, être vigilant, éviter que se crée une situation fusionnelle à travers cette expérience, tout en restant conscient de sa dépendance réelle.

L'objectif que je m'étais fixé de faire partager à Maria l'expérience d'un lieu réparateur avec l'environnement n'a pas pour autant évité un phénomène de régression quand j'ai refusé de l'aider à rechercher Michel. J'ai accepté le passage à l'acte, l'agressivité, comme une réactivation d'un vécu antérieur en lien avec les carences de la petite enfance. Elle a alors choisi de séjourner pendant les vacances dans le « refuge » de l'hôpital psychiatrique.

L'accompagnement de Maria s'est fait en parallèle à son soutien psychothérapeutique. L'assistante sociale n'est intervenue que dans le domaine pratique dans des moments de vie partagés. En aucune manière son intervention ne s'est substituée au travail du psychiatre. À travers des faits concrets, Maria a pu trouver quelques ancrages dans la réalité extérieure, tout en recherchant des repères pour sa vie fantasmatique dans son travail psychothérapique.

Le travail d'évaluation de l'assistante sociale a d'abord reposé sur la maîtrise de ses propres affects, ce qui lui a permis d'entendre la vraie demande de Maria, en quête du sens de son existence.

Le travail social ne visait pas à diriger la vie de Maria mais à favoriser une certaine maturation afin qu'elle puisse évoluer à son rythme vers une identité plus solide. Dans son domaine professionnel délimité, cette maturation a pris sens quand Maria, la veille de son départ en stage :
– est venue à la permanence ;
– a pu verbaliser ainsi notre démarche collective : « J'ai compris que nous ne disposons pas d'arguments suffisants pour retrouver ma mère. »

Ce n'était plus une demande, mais une constatation douloureuse que Maria partageait avec moi.

À partir de l'environnement de la personne

Mme Jeanne

Mme Jeanne est venue au service médico-psychologique dépendant du centre hospitalier sur les conseils d'une assistante sociale de secteur, instructrice du RMI (cette prise en charge faisait partie du contrat RMI). Après deux entretiens, elle suspend les rencontres, et c'est un an après qu'elle reprend rendez-vous, sur les conseils de sa sœur aînée, Stéphanie, qui l'encourage à poursuivre. Le rôle de cette sœur sera primordial tout au long de la prise en charge.

Au cours des entretiens, nous apprenons que Mme Jeanne, âgée de 35 ans, est la troisième d'une fratrie de quatre enfants :
– Stéphanie, 40 ans ;
– Pierre, qui s'est suicidé à l'âge de 30 ans (il aurait 39 ans) ;
– *Jeanne, 35 ans ;*
– Suzanne, 30 ans.

Les parents de Jeanne sont tous les deux décédés. Sa mère s'est suicidée alors que Mme Jeanne avait 16 ans. Son père, ouvrier à l'EDF, est mort d'un cancer de la gorge il y a deux ans. En outre, l'enfance de Mme Jeanne a été marquée par la maladie : elle a eu la poliomyélite et a dû subir plusieurs opérations jusqu'à l'âge de 12 ans.

Sa scolarité en a été perturbée et elle l'a terminée en classe de perfectionnement. Elle en garde un très mauvais souvenir. À 16 ans, elle commence à travailler dans une usine de confection, mais son activité professionnelle s'arrête rapidement. Elle n'a repris un travail, sous forme d'un stage et d'un CES, que ces dernières années.

C'est à 16 ans, quelques mois après la mort de sa mère, qu'elle se marie avec le père de ses quatre enfants : Louis (18 ans), Anne (15 ans), Cécile (9 ans), Marie-Noëlle (7 ans).

Avec son mari, elle quitte la région où elle a toujours vécu pour s'installer dans un département voisin. Puis elle divorce après treize ans de mariage et revient vivre dans son lieu d'origine. Elle décrit son mari comme un homme alcoolique et violent : « Comme mon propre père ! »

Mme Jeanne s'exprime sous forme de plainte, et sa demande est, dans un premier temps, diffuse. C'est une demande d'écoute : « Que l'on écoute ce que je ressens », dit-elle. Ainsi, elle parle du suicide de sa mère qu'elle ne peut accepter, de son sentiment de culpabilité, de l'insupportable « manque » que son absence représente pour elle. Elle évoque également très régulièrement ses insoutenables sentiments d'amour et de haine à l'égard de son père. Elle le rend responsable du suicide de sa mère mais elle admet que, tout de suite après cette tragédie, elle a fui pour épouser un homme qui se révélera être tout aussi alcoolique et violent que son père. Elle exprime ensuite son inquiétude devant la tristesse d'Anne, sa fille de 15 ans, et la culpabilité qu'elle ressent. Elle souffre également d'un sentiment de rejet de la part de sa fratrie, surtout de Stéphanie, sa sœur aînée, de qui elle se sent pourtant très proche.

Inquiet quant à l'état de Mme Jeanne, j'essaie de lui proposer une prise en charge médicale, lui expliquant qu'afin de mieux l'aider je souhaiterais avoir l'avis du médecin du centre, qui pourrait vraisemblablement la soulager. Mme Jeanne a alors une réaction très vive qui me donne l'occasion de mesurer combien je l'ai heurtée en insistant sur la nécessité d'un traitement. « Ce n'est pas à moi de me faire soigner ! *Ce sont mes sœurs qui sont responsables* de toute notre souffrance, mes enfants souffrent aussi qu'elles nous délaissent. Ce n'est pas juste, je ne veux pas voir le médecin psychiatre, *elles n'ont qu'à s'occuper de nous*, et tout ira mieux. » Mme Jeanne est vraiment furieuse et son regard est très hostile. Elle me signifie ainsi que je ne l'ai pas comprise. Comme je lui fais remarquer qu'elle n'a pas supporté ce que je lui ai dit, elle rétorque : « Je ne sais pas si je reviendrai vous voir. »

Elle me demande de rencontrer Stéphanie, afin de pouvoir lui dire combien elle a besoin de son amour. Je lui propose d'en reparler la prochaine fois, de réfléchir ensemble à la restauration des liens avec sa sœur. Mme Jeanne part très en colère et je suis inquiet pour la suite.

Elle manifeste un sentiment très fort d'abandon à l'égard de ses sœurs mais aussi de moi qui l'adresse au médecin. « Personne ne se tracasse pour moi ! » Ce n'est plus elle qui est responsable, mais ce sont ses sœurs. En partant, elle propose que je *l'aide à agir sur son environnement*. Dans un premier temps, je ne vois pas comment cela est possible. Cependant, en jouant ce rôle d'intermédiaire entre elle et son environnement, ne serais-je pas en mesure de lui prodiguer les soins nécessaires que Winnicott associe aux soins maternels ?

Mme Jeanne m'envoie ensuite deux lettres.

Dans la première, elle me demande si j'ai bien compris ce qu'elle ressentait et s'en explique : « Vu que je souffre terriblement de la mort de ma mère, vous devez bien comprendre que j'ai besoin de me sentir aimée par ma famille, ce que je ne ressens pas. Mes sœurs et mes enfants sont toute ma vie et je voudrais me sentir aimée par mes sœurs. Je n'arrive pas de moi-même à leur exprimer mon amour. » Puis elle me demande de téléphoner à sa sœur Stéphanie, « [...] pour lui expliquer mon problème et surtout que je ne joue pas la comédie... Si c'est vous qui lui expliquez, elle vous écoutera. » Elle me demande ainsi d'agir comme « une bonne mère » qui intercède auprès de ses enfants.

Je lui réponds aussitôt que je pense avoir compris le sens de sa démarche, mais que je souhaite cependant que nous reparlions de sa proposition et des conditions d'une rencontre avec sa sœur lors du prochain entretien.

Suit immédiatement une deuxième lettre dans laquelle elle m'annonce qu'à la suite de ma réponse, elle a demandé à Stéphanie de venir avec elle au prochain rendez-vous. Celle-ci a accepté lorsqu'elle lui a dit que c'était moi qui étais à l'origine de cette demande.

Dans ce courrier, elle revient sur ses sentiments à l'égard de Stéphanie, son impression de rejet, d'incompréhension de la part de tout le monde, de sa lutte de « chaque jour » pour cacher sa souffrance à ses proches. Elle reparle du manque, de son besoin de sa mère. Elle s'excuse : « J'ai craqué dans votre bureau l'autre jour, mais je crois qu'il fallait que ça sorte. » Elle m'exprime toute la confiance qu'elle a en moi. « Vous êtes la seule personne qui ait confiance en moi, et moi, j'ai confiance en vous. J'espère qu'un jour, grâce à vous, je vais retrouver ma joie de vivre, car je veux m'en sortir et j'espère que j'y arriverai. »

Je n'ai pas le temps de répondre à cette lettre avant le rendez-vous. Elle m'a mis dans l'obligation de la recevoir avec sa sœur et en a défini les conditions. Il faut envisager en quoi cette rencontre peut l'aider à exprimer ce qu'elle ressent et permettre à sa sœur de se positionner face à elle et à ses demandes. Il était important pour Mme Jeanne que cela se passe en ma présence, que je sois témoin.

C'est ainsi que je reçois Mme Jeanne accompagnée de Stéphanie. Celle-ci se montre très coopérante et d'un contact agréable. Mme Jeanne est rayonnante et fière de me présenter sa sœur aînée. Après avoir rappelé que c'est à la suite de l'intervention de Stéphanie (à deux reprises) que Mme Jeanne est venue au centre, et qu'en cela elle a joué un rôle important dans sa démarche, j'explique les raisons pour lesquelles Mme Jeanne a souhaité cette rencontre à trois. Je retrace rapidement l'histoire familiale, j'évoque le suicide de leur mère, le manque « insupportable » ressenti depuis par Mme Jeanne, l'importance pour elle des relations avec ses sœurs et surtout avec elle, l'aînée, son sentiment actuel d'être mise à l'écart et rejetée. J'invite Mme Jeanne à dire par exemple à sa sœur comment elle a vécu sa réaction quand le petit chat qu'elle lui avait offert s'est échappé : Mme Jeanne explique qu'elle s'est sentie mise en cause et accusée par sa sœur, et qu'elle pensait que c'était pour cette raison que Stéphanie ne venait plus chez elle. Suit un échange entre les deux sœurs, sa sœur aînée essayant de rétablir la réalité face aux interprétations de Mme Jeanne et insistant sur l'importance de leurs liens affectifs. Elle adopte durant l'entretien une attitude de « grande sœur ». Elle explique que si, en effet, elle ne va pas souvent chez elle et préfère la rencontrer chez leur jeune sœur, c'est qu'elle est elle-même assez dépressive, et craint de ne pouvoir supporter l'état de Mme Jeanne. « J'ai mes propres problèmes. » Mme Jeanne exprime alors dans un élan son amour pour sa sœur et reconnaît avoir mal interprété l'attitude de Stéphanie. Sa sœur lui dit alors tendrement : « Tu es bêtasse. »

Revenant sur leurs réactions respectives à la suite du suicide de leur mère et leurs attitudes à l'égard de leur père, Stéphanie lui explique qu'elles n'avaient pas le même âge à l'époque et surtout que la nature de leurs relations avec leurs parents était différente. Elle rappelle à Mme Jeanne que sa maladie l'a beaucoup rapprochée de ses parents. Elle entretenait une relation privilégiée avec eux, et de ce fait avait senti plus vivement leur mésentente conjugale ainsi que la disparition de leur mère.

Mme Jeanne aborde ensuite la question de la rencontre avec le médecin du centre que j'avais souhaitée. J'explique à sa sœur ce qui m'a amené à faire cette proposition. Mme Jeanne parle alors de ses craintes de la psychiatrie en lien avec une hospitalisation de son beau-frère, l'année dernière, qui se serait mal passée.

Stéphanie encourage Mme Jeanne à suivre mes conseils puisqu'il s'agit de son bien. À la fin de l'entretien, Mme Jeanne semble convaincue du bien-fondé de cette démarche et demande un rendez-vous avec le médecin psychiatre.

Lors de notre rencontre, Mme Jeanne adopte une attitude de « petite fille ». Nous notons à la fois sa gêne et sa fierté de nous avoir présentés, sa sœur et moi, ainsi que ses manifestations affectives un peu puériles à l'égard de sa sœur. L'attitude de « la grande sœur » est aidante et saine, à la fois protectrice et distanciée : elle reste discrète sur sa propre souffrance, propose un sens à leur histoire familiale, donne des conseils bienveillants. Dans ces conditions, Mme Jeanne peut ne plus se sentir abandonnée et faire une demande de soins sans redouter un danger.

J'ai revu depuis plusieurs fois Mme Jeanne, qui vient régulièrement aux rendez-vous. Elle a consulté le médecin, mais il est encore trop tôt pour savoir comment elle va exploiter ce soutien. Elle m'a exprimé sa satisfaction d'avoir été reçue avec sa sœur. Cet entretien a permis de lever un malentendu. Elle se sent plus confiante et rassurée. Cela l'a ramenée à sa propre responsabilité (« Cela venait de moi »), elle accepte maintenant la nécessité du soin. Cette rencontre a également été l'occasion de la resituer dans une histoire familiale et ainsi de redonner sens à sa propre histoire.

C'est bien par le cheminement de la relation d'aide que Mme Jeanne a pu accéder à une demande de soins.

L'originalité de l'évaluation de la situation de Mme Jeanne est d'accepter à un moment clé la participation de la sœur aînée en tenant compte de son désir. Stéphanie se retrouve alors dans la position « d'objet transitionnel », à la fois protectrice et distanciée. En clarifiant la compréhension de leurs places réciproques, de leur propre souffrance, elle facilite l'accès aux soins.

Dans cette situation, l'évaluation spécifique de l'assistant de service social permet d'élargir à l'environnement le problème du client, afin de le soutenir, de l'aider et de modifier sa réalité. Ce travail se démarque du modèle psychothérapeutique ou médical dont l'éthique n'autorise pas, le plus souvent, à déroger à la relation duelle.

Dans cette situation, en acceptant de rencontrer la sœur de Mme Jeanne, l'assistant de service social a pu comprendre que sa relation à Mme Jeanne ne pouvait pas évoluer, compte tenu de la résistance de la cliente (Mme Jeanne se sent victime de l'incompréhension de ses sœurs). Or, il n'a pu entendre les besoins de Mme Jeanne qu'à partir du moment où il a fait un retour sur ses propres peurs.

Monique

Assistante de service social en psychiatrie, je travaille au sein d'une équipe pluridisciplinaire dont l'activité se répartit entre un service d'hospitalisation complète et le secteur comprenant un département de consultation, un hôpital de jour et un centre d'accueil thérapeutique à temps partiel. C'est dans ce cadre que j'ai pris Monique en charge, en collaboration avec la circonscription d'action sociale.

Monique est hospitalisée pour la première fois dans notre service de psychiatrie : elle est atteinte d'une « psychose grave avec délire » qui l'empêche de vivre. À l'âge de 52 ans, c'est une personne qui paraît laissée à l'abandon : son regard est fixe, ses cheveux grisonnants, elle semble plus âgée que son âge.

Monique est employée de La Poste. Elle a été nommée dans le Nord à l'âge de 20 ans. Elle y est restée dix-huit ans. À 38 ans, elle obtient sa mutation dans une station touristique des Pyrénées, où elle vivra quatre ans. Elle est ensuite nommée dans une grande ville au service des chèque postaux à un poste à responsabilités. C'est là qu'en quelques semaines on assiste à un effondrement psychique complet. Elle perd tout lien avec la réalité et est mise en congé longue durée, puis en invalidité.

Monique est l'aînée de quatre enfants. Son frère cadet a seulement un an de moins qu'elle. Au moment de la naissance de ce dernier, un événement grave touche la famille. Le père, charpentier, victime d'un accident du travail, reste huit jours dans le coma. Il est déclaré inapte à ce travail et ne pourra jamais reprendre son métier. Sa mère, Mme M., se retrouve donc dans une situation difficile puisqu'elle doit s'occuper de sa fillette âgée de 1 an, d'un bébé et de son mari malade.

Peu à peu, le père se rétablit et trouve un emploi sans risque : il s'occupe de l'entretien d'autocars. Mme M., elle, travaille comme femme de ménage.

Quelques années après, Mme M. met au monde un enfant mort-né, puis, dix ans après la naissance de Monique, une fille (traitée périodiquement dans notre service pour une maladie alcoolique) et, un an plus tard, un garçon, Jacques, que je rencontre régulièrement. C'est par lui que nous aurons connaissance de l'histoire de Monique.

Celle-ci, bonne élève, entre au lycée de sa ville et entreprend des études classiques, encouragée par les propriétaires du logement de ses parents. Cependant, isolée, dans un milieu différent du sien, très réservée, elle établit peu de relations avec les autres élèves et se referme sur elle-même. Monique poursuit sa scolarité jusqu'en première, puis abandonne, vraisemblablement pour des raisons pécuniaires. On ne sait pas comment elle a vécu cette interruption.

Quelques années après son installation dans le Nord, sa mère tombe gravement malade. La famille fait des démarches pour obtenir le rapprochement de Monique, sans succès. Elle a 28 ans quand sa mère décède. Elle fera un aller-retour pour assister aux obsèques et reprendra son travail.

À 38 ans, elle est mutée dans la région et revient vivre avec son père.

Quatre ans plus tard, elle tombe malade et c'est son plus jeune frère, Jacques, qui s'occupe d'elle durant douze ans, la confiant à l'hôpital psychiatrique puis à une clinique spécialisée, mais il n'accepte pas qu'elle soit hospitalisée à l'asile de la région où leur sœur est soignée pour une maladie alcoolique.

L'évaluation par l'environnement amène l'assistante sociale à soutenir la famille de cette patiente, Monique étant dans l'incapacité de communiquer.

L'objectif premier est de gagner la confiance de son frère qui s'occupe d'elle depuis le début de sa maladie, afin qu'il puisse collaborer aux propositions d'aide de l'assistante sociale et aux soins préconisés par l'équipe médicale psychiatrique. L'évaluation de cet environnement doit prendre en compte les blocages dus aux peurs de la famille face à la maladie mentale.

Jacques, le frère de Monique, assume depuis l'âge de 14 ans la charge de sa famille. Il a dû soutenir ses parents pendant la maladie de sa mère et de sa jeune sœur. Il lui semble qu'il n'a « pas fait assez pour ses deux sœurs ». Il a besoin d'exprimer sa culpabilité et demande en même temps que ses efforts pour les aider soient reconnus.

Il parle aussi de l'histoire de Monique, de ce qu'il a assumé depuis douze ans, des différentes tentatives de soins dans divers établissements, des retours au foyer familial sans soutien, des recherches entreprises, seul. Il décrit l'état dramatique de sa sœur avant cette dernière hospitalisation. Totalement inactive et sous l'emprise du délire, habillée comme une clocharde, elle lui faisait honte dans cette petite ville où tout le monde se connaît. Il fait état de sa peur de l'hospitalisation en psychiatrie, « l'asile de la région », qui soigne déjà son autre sœur, sans résultats. S'appuyant sur son expérience de la maladie de Monique et des soins apportés dans les précédents épisodes de sa maladie, Jacques est capable d'émettre des souhaits quant à la poursuite de la prise en charge à domicile.

Les propositions de l'assistante sociale paraissent le soulager et l'encouragent dans la poursuite du soutien familial. Jacques peut alors parler de ce que la famille et lui-même ont vécu durant ces douloureuses années. Ainsi reconnu, il peut accepter le projet de sortie de sa sœur. De même, la notion de temps sera prise en compte dans la concrétisation du projet définitif.

Jacques souhaite que sa sœur soit partiellement prise en charge en hôpital de jour, compte tenu des expériences passées. Par ailleurs, nous avions pu constater que la malade n'avait aucune notion de l'argent et le médecin avait déjà envisagé une demande de protection aux incapables majeurs. Jacques accepte donc que la gestion des biens de sa sœur soit confiée à un organisme spécialisé.

Je m'assure de son accord pour réenvisager avec son père le retour de Monique, d'autant qu'il a constaté des progrès dans son état : « Elle s'éveille », me dit-il. Le week-end précédent, il avait ramené Monique chez leur père. Tout s'était bien passé. Le dimanche à midi elle avait même accepté de venir déjeuner chez lui avec leur père. Le soir, elle avait demandé à retourner à l'hôpital. Cette expérience les avait rassurés.

Il m'explique l'organisation de vie de son père depuis l'hospitalisation de Monique. Il dort dans son appartement, prend le repas de midi chez son fils et rentre le soir chez lui. Sa belle-fille entretient le linge et l'aide un peu au ménage. Son fils gère sa pension. Le retour de Monique modifiera de nouveau cette organisation, mais le père a donné son accord.

Une autre condition est nécessaire : la remise en état de l'appartement. En effet, l'office des HLM a fait procéder à l'installation du chauffage électrique. Les travaux sont finis, mais chaque locataire doit prendre à sa charge la réfection des peintures et des tapisseries. Il propose de s'en occuper lui-même, en dehors de ses heures de travail, mais il souhaite que sa sœur participe à l'achat des matériaux.

Il nous demande aussi de faire progressivement acheter à Monique un minimum de vêtements et de linge de maison car elle n'a plus rien : « Il a fallu tout jeter », me dit-il.

Cet homme nous fait confiance et s'exprime facilement. En retour, il sollicite notre aide, notre relais, dans la prise en charge médico-sociale de sa sœur qu'il ne peut assumer seul. La malade, elle, possède semble-t-il un environnement affectif réel et soutenant à condition que nous le soulagions de la gestion quotidienne et des soins.

Jacques me demande des entretiens réguliers, durant la rénovation de l'appartement, pour que nous préparions ensemble ce retour. Je le reçois régulièrement et il profite de ces entretiens pour me tenir au courant de l'avancement des travaux, mais surtout pour parler de sa famille, de la place qu'il y a tenue et du poids que cela a représenté. Ainsi écouté, soutenu, Jacques favorise le plus possible le retour progressif de sa sœur en allant la chercher chaque fois que son travail le lui permet, c'est-à-dire un week-end sur deux. Ce travail de *renforcement de l'environnement me paraît essentiel pour la réussite du retour de Monique.*

Volontairement, nous n'avons pas évoqué le travail social direct très important que l'assistante sociale a pu mener ensuite avec Monique lorsque celle-ci a commencé à aller mieux.

La maladie mentale fait vivre à la famille, et notamment à ce frère, des sentiments qu'il est important de repérer : la peur de la maladie (le délire), la honte (comportement déstructuré avec clochardisation) et, au niveau personnel, le soutien de sa sœur dans la durée sans qu'il puisse jamais partager ses efforts et sa souffrance.

L'évaluation de ce travail avec l'environnement permet à l'assistante sociale de soutenir Jacques dans la reconnaissance de son vécu et dans la restauration des liens familiaux. L'objectif a été de travailler avec l'environnement, c'est-à-dire la famille, en vue d'une sortie de Monique de la structure psychiatrique.

« La folie a un rapport avec la vie ordinaire [...] et est liée à la faillite des soins de l'environnement [...] c'est donc ici que le travailleur social intervient. C'est dans un environnement favorable et bien adapté aux besoins immédiats que le travailleur social entre en jeu de manière constructive [5]. »

À partir de la dénégation des sentiments : Yorick

L'institut de rééducation dans lequel j'exerce en tant qu'assistante de service social depuis de nombreuses années s'adresse à des enfants et à des adolescents de 4 à 18 ans. Ces jeunes, d'intelligence normale, présentent des difficultés psychoaffectives, caractérisées, entre autres, par une adaptation précaire au milieu familial et scolaire.

C'est dans ce contexte que nous rencontrons la mère de Yorick. Cette situation nous a d'abord confrontés à notre impuissance, puis nous avons composé avec nos hésitations et sommes parvenus à évaluer progressivement les manques et les besoins.

Yorick, 7 ans, pose des *problèmes de comportement* et d'apprentissage à l'école où il est scolarisé depuis la maternelle. Un placement en institution spécialisée a été conseillé. Sa naissance, intervenue à un moment de crise aiguë dans le couple, qui divorcera deux ans après, ainsi que sa place dans la fratrie (second de trois enfants) peuvent donner déjà quelques indications sur le vécu difficile de Yorick.

Lors du premier contact avec la maman, Mme B., pour présenter l'institution et préparer l'entrée, elle apparaît comme une jeune femme sympathique et souriante. Elle s'ex-

5. W. Winnicott, « Le travail social des cas individuels », dans *Processus de maturation chez l'enfant*, chap. XV, p. 203.

prime avec facilité : « Les problèmes de Yorick sont avant tout scolaires. À la maison, nous, on le trouve bien, c'est l'école qui le place ici, c'est pour son bien. » Elle propose de faire tous les déplacements domicile-institution, distants d'une quinzaine de kilomètres. Elle se montre coopérante. Yorick entre en demi-internat. Cette famille n'est pas confrontée à des problèmes économiques. *Seul Yorick pose un problème scolaire*.

Le deuxième entretien nous réunit toutes les deux. Le père de Yorick (avec qui Mme B. dit bien s'entendre) n'est pas présent. Elle l'excuse, disant qu'il est au travail et n'a pas pu s'organiser pour venir. Cet entretien se déroule facilement. Mme B., très souriante, donne des explications au comportement de Yorick : « Il fait le bébé comme son petit frère, il n'a pas envie de grandir, il n'a peut-être pas confiance en lui… » Yorick ne lui a jamais donné de souci lorsqu'il était nourrisson, contrairement à son frère aîné, maintenant âgé de 11 ans, et qui a été malade les deux premières années.

Elle est toujours d'accord pour accompagner son fils à l'institution. En fait, en dehors des informations assez superficielles concernant la petite enfance de Yorick, rien ne se passe. L'échange est conventionnel, poli, lisse, comme lors du premier entretien.

Le père ne se présente pas au troisième entretien. La mère l'excuse une fois encore et, devant son assurance et sa bonne foi, je laisse la question du père en suspens. Elle relate, de manière neutre, des faits et des événements parfois douloureux. Elle laisse percevoir des difficultés à parler de ses émotions, à les relier aux événements.

Au cours des entretiens suivants, elle me fait part de ses inquiétudes concernant les autres enfants du groupe qui, pour certains, manifestent leur violence à travers les mots et les actes. Cela excite Yorick, qui rapporte des mots grossiers à la maison, qui sont ensuite répétés par le petit frère. « On va penser que je les élève mal. »

Nous commençons par petites touches à aborder son histoire personnelle. Fille unique, elle a été confiée à ses grands-parents maternels à l'âge de 2 ans, à la suite d'une toxicose ; ses deux parents travaillaient. Elle se plaint d'une mère plus préoccupée par sa vie de femme que par sa fille, et d'un père gentil, mais « ne faisant pas le poids » devant sa mère. Elle parle aussi de son mariage à 20 ans. Elle recherchait une famille chaleureuse, où être reconnue. Mais ce mariage n'a pas été accepté par ses parents, pas plus que son divorce d'avec le père des deux aînés. À ce jour, remariée et mère d'un troisième enfant, elle évoque le projet d'aller vivre au bord de l'Atlantique, chez ses beaux-parents actuels, qui ont une ferme-auberge, et qui sont tellement chaleureux. « Il y aurait de la vie pour tout le monde. »

Depuis la naissance du troisième enfant, Mme B. ne travaille plus. Auparavant, elle était représentante de commerce en électroménager. Et nos premiers entretiens sont effectivement empreints d'une tonalité commerciale. Ces deux dernières années, elle a connu de nombreux deuils : sa grand-mère, un an après son grand-père, et dernièrement sa tante maternelle qui, « elle, était gentille ». Lorsqu'elle raconte son enfance, des larmes brillent dans ses yeux. Désespoir ? Rage ? Les deux peut-être.

Nous partageons cette histoire douloureuse. Nos « bavardages » dans les entretiens suivants, qui se déroulent sans heurt apparent, me permettent de mieux connaître son histoire. Elle s'y présente beaucoup comme une victime malheureuse des événements, sous le joug des grandes personnes qui décident pour elle. Elle parle de son vécu d'abandon, de son mariage, de son divorce qu'elle explique par la trop grande proximité de son mari avec ses propres parents, de la naissance de Yorick pour essayer de colmater la brèche dans le couple, de son deuxième mariage avec un homme lui-même persécuté par son ex-femme.

Elle commence aussi à dire sa difficulté à frustrer Yorick et les colères qui en découlent quand il lui demande d'acheter quelque chose. Yorick, qui est parfois difficile à la maison, peut être violent. Que va-t-il devenir ? Elle craint pour son avenir… Elle se dit aussi victime de Yorick qui la malmène.

Parallèlement, je suis fréquemment interrogée par les éducateurs qui ont des difficultés à comprendre cet enfant « insaisissable, avec qui on ne peut établir aucune relation ». En effet, les réactions de cet enfant sont à mettre au compte des troubles de la personnalité plutôt qu'à lier à un événement particulier. Cette interpellation m'amène à m'interroger de façon plus approfondie sur le travail avec cette maman. Bien sûr, j'étais à l'écoute de cette mère, disponible, sans émettre de jugement de valeur. Mais je butais sur la non-reconnaissance de sa propre souffrance et surtout de celle de son enfant.

Nous étions dans une espèce de « bavardage », où la plainte commençait à être très prégnante, sans toutefois prendre de direction. Apparemment, pas grand-chose ne se passait. Pour aller plus avant, pour pouvoir aider au mieux cet enfant et cette mère, il devenait nécessaire de mieux évaluer la situation. Pour ma part, cette femme, si charmante, m'irritait beaucoup en réalité, dans la non-reconnaissance de sa souffrance, sa recherche d'une famille idéale, sa plainte où elle n'était que victime.

Je me suis alors demandé ce que l'attitude de cette mère éveillait en moi. Était-ce d'ordre professionnel ou personnel ? Il me semblait qu'il s'agissait de contre-attitudes. D'où l'importance de les repérer pour continuer à travailler. Comment « être avec », mais de façon distanciée, pour entendre cette souffrance ? Reconnaître ce dans quoi nous étions prises l'une et l'autre, nos propres émotions et difficultés, allait me permettre d'entendre, certes, mais aussi de penser, afin de trouver une issue. Reconnaître chez cette mère, derrière ce « tout va bien malgré mon malheur », beaucoup de violence contenue, de l'amour, mais aussi de la haine. Les comprendre comme des sentiments humains et non pas monstrueux. Comment arriver à établir une relation de confiance pour qu'elle puisse sans crainte reconnaître et vivre à son tour ses sentiments ambivalents ? Tout cela à travers « ces bavardages » où on accorde à l'autre toute sa dimension, à travers ce va-et-vient de Yorick, entre l'institution et la maison, à travers le vécu de ce qui fait la trame quotidienne.

Je découvris sa violence à l'occasion d'une demande de modification d'organisation institutionnelle, à laquelle je ne pus répondre. Lorsqu'elle explosa, je pus mesurer l'intensité de sa rage face à la frustration (visage fermé, attitude agressive, mots percutants à mon adresse). C'était la première fois qu'elle manifestait une violence vraie, forte, mais rapidement contenue.

Quelles traces ont laissées tous les événements vécus dans sa petite enfance ? N'est-elle pas dans la nécessité de se cacher toutes ces blessures ? « On n'abandonne pas un enfant parce qu'il est méchant ou mauvais, pas à la hauteur, n'est-ce pas ? » Et que signifie toute cette énergie dépensée pour être conforme et correspondre à un modèle afin de ne pas perdre l'amour parental, l'amour tout court, au risque de se perdre complètement elle-même ?

Et Yorick, ne vient-il pas lui rappeler combien elle est mauvaise, lorsqu'il se plaint d'être battu, lorsqu'il met en échec son autorité ? Comment amener cette mère à « souffrir humainement » sa vie afin de se dégager, de vivre pour elle et de parvenir ainsi à mieux se séparer de son fils ? Ce passage

obligé du « bavardage » met l'assistante sociale à rude épreuve qui éprouve alors :
– de l'impatience liée à la pression de l'équipe et de l'enfant qui doit progresser ;
– de l'agacement lié à la position de la cliente qui est dans une revendication de victime et qui refuse toute remise en question, agacement à relier aussi aux affects réveillés chez l'assistante sociale.

Voilà qui exige de prendre du temps, et de reconnaître la part de ses propres émotions. Cette écoute-là demande une disposition particulière, une présence, une qualité d'être-là, de la patience et de la sérénité pour que l'échange soit attentif, libre et vivant.

Pour cela, il faut pouvoir amener cette mère à accepter ses propres affects, à les exprimer, à vivre ses émotions, à faire des liens entre elle, son vécu et ce qui peut se passer chez son fils. C'est un travail long, laborieux, où l'on ne perçoit pas d'effet immédiat.

Cependant, peu à peu, cette jeune femme sort de la plainte, se prend en main. Elle entreprend une formation avec succès qui débouche sur un emploi dans une administration. Les relations avec Yorick deviennent plus authentiques, moins superficielles. L'évolution de ce dernier permet d'envisager un retour dans le circuit scolaire normal, avec une prise en charge ambulatoire. Bien sûr, la mère et l'enfant restent fragiles.

La réminiscence et le partage d'émotions et d'affects douloureux qui ne provoquent pas de destruction est une expérience fondamentale puisqu'ils consolident la personne.

L'assistante sociale a été placée dans une situation difficile où elle a dû prendre le temps nécessaire et accepter qu'il ne se passe rien malgré la pression de l'équipe et l'agacement qu'elle ressentait. Il fallait du temps à cette mère pour devenir plus authentique et tolérer l'expression des affects.

L'évaluation de cette situation dans l'après-coup met en relief la position défensive de la mère de Yorick et les sentiments très forts ressentis par l'assistante. Le temps a été une donnée primordiale de la relation :
– le temps nécessaire pour se repérer face à un échange « de type commercial » ;
– le temps pour l'assistante d'accepter et de reconnaître les sentiments ambivalents que cette mère lui inspirait ;

– l'acceptation de ces affects difficiles afin que l'assistante puisse s'en dégager pour que le partage devienne plus authentique (passage où la femme a les larmes aux yeux) ;
– le temps pour l'assistante prise dans les exigences du cadre institutionnel ;
– le temps pour accepter que le bavardage soit reconnu comme une défense contre l'expression des émotions.

Les larmes, la colère passent par le corps. Elles traduisent la réappropriation des affects, et c'est ainsi que l'assistante sociale doit les accepter. Cette mère peut alors modifier sa relation à Yorick et accepter de mieux vivre pour elle. Les « bavardages » sont un moyen de contenir les affects, ils ne sont pas vides de sens. Ici, cela a été un moyen de la contenir pour pouvoir lever partiellement ses défenses. La compréhension trouvée auprès de l'assistante sociale lui permet ainsi peu à peu de s'accepter.

Chapitre 2

Aspects particuliers de l'aide

La situation de crise

Si nous avons eu le désir d'écrire sur la situation de crise, c'est que nous savons combien la rencontre avec les usagers de service social se révèle de plus en plus difficile.

Dans tous les services quels qu'ils soient, les frustrations, la précarité, les pressions sociales sont de plus en plus mal supportées. Les usagers deviennent agressifs, parfois violents et, outre la complexité des problèmes qu'ils doivent gérer, les assistants de service social sont confrontés à des colères, à des violences verbales et à des passages à l'acte (destructions de matériel, agressions physiques...).

Face à ces attitudes, comment le service et l'assistant de service social peuvent-ils continuer à remplir leur mission ? Les institutions sont aussi concernées et amenées à réfléchir sur leur position.

En ce qui concerne la réponse professionnelle, il nous paraît utile de reprendre des notions théoriques qui ont fait leurs preuves et qui peuvent désamorcer l'agressivité, l'objectif étant d'aider l'assistant de service social à se sentir moins menacé.

La crise est en général liée à un événement qui fait surgir des sentiments disproportionnés de violence, de détresse ou d'angoisse. La crise ne survient pas lors de problèmes déjà rencontrés. Il s'agit d'un moment particulier où la personne « déborde » et se précipite, le plus souvent en urgence, dans le bureau de l'assistante sociale. La personne est hors d'elle, parfois violente en paroles ou en gestes. Elle a quelquefois du mal à s'exprimer et se montre agressive.

L'attitude calme de l'assistante sociale permet de contenir cette agressivité... Il est important pour cela qu'elle ne se sente pas menacée par cette attaque qui, si elle s'adresse à elle, ne lui est pas destinée. L'agressivité cache toujours une détresse qui ne peut s'exprimer autrement et qui a du mal à émerger. C'est un symptôme, un mode d'expression libératoire. L'assistante de service social doit accepter ce premier mouvement hostile, qui retombera au fur et à mesure que la personne pourra arriver à exprimer sa véritable préoccupation et à en comprendre le sens.

La crise est faite de la réalité du moment et d'une réalité sous-jacente bien plus préoccupante. Des sentiments d'inquiétude, d'échec, d'impuissance sont réactivés et déplacés sur un événement clé.

Une crise peut se résoudre par une aide à court terme, si la personne n'est pas enfoncée dans une problématique pathologique, si elle arrive à faire les liens entre l'événement clé et les problèmes sous-jacents. Si elle parvient à comprendre et reconnaître son « problème », elle sera capable de réaménager sa réalité.

Parfois, la difficulté présentée lors de la situation de crise nécessite une aide « à plus long terme ». En effet, dans ces cas-là, même si la personne fait des liens avec ses difficultés, elle a besoin d'être aidée concrètement et soutenue affectivement, car la compréhension ne suffit pas. La personne a besoin d'être aidée sur le long cours pour surmonter ses peurs, son découragement, sa destructivité, et faire l'expérience d'un soutien positif. Submergée par son problème, elle peut néanmoins en tirer des bénéfices secondaires. Il faut donc qu'elle soit en mesure de récupérer des forces pour y renoncer et évoluer.

Au premier abord, une situation de crise, qui engage une relation à long terme, ne présente pas de différence notoire dans la manière de s'exprimer. On y retrouve les mêmes caractéristiques de violence et d'agressivité, les mêmes déplacements sur des objets à signification clé.

En revanche, l'évaluation va mettre en évidence des sentiments persécutoires et des projections élaborées en défenses structurées, et il faudra donc du temps pour arriver « aux racines du problème ».

Les trois situations qui vont être évoquées ici illustrent la problématique de la crise. La première situation a eu lieu dans un service de polyvalence de secteur et a pu être résolue avec un soutien de courte durée, Mme André ayant trouvé en elle-même les moyens de comprendre son problème et de se saisir des propositions d'aide de l'assistante de service social. La deuxième situation est intervenue dans un service spécialisé et a demandé un soutien de plus longue durée en raison des défenses mises en place. Elle a pu se résoudre par un réaménagement progressif des capacités de la personne. La troisième situation a concerné un service de soins à domicile. La situation de M. et Mme L. et de Léo, en raison de difficultés durables, n'a été que partiellement réaménagée. Le soutien a essentiellement permis à la famille de continuer à exister et à élever les enfants dans un climat moins destructeur.

Mme André

Mme André n'est pas connue du service social de secteur. Elle est rouge et agitée lorsqu'elle pénètre dans le bureau de l'assistante sociale. Elle refuse de s'asseoir, elle veut un secours d'urgence, elle n'aime pas les assistantes sociales. L'assistante sociale l'écoute sans intervenir. Mme André ajoute quelques mots inaudibles et s'assoit.

« C'est sûr que c'est difficile de venir ici, dit l'assistante sociale.
– Je n'aime pas parler de moi. J'ai juste besoin d'un secours.
– Oui ?
– J'ai des dettes, le loyer, le téléphone, mon mari va être au chômage, je n'ai pas de travail, j'ai trois enfants.
– …
– Il y a aussi Christophe… Je suis très en colère contre lui.
– …
– Christophe vient de perdre son anorak. Il ne manquait plus que ça !
– …
– Ils vont l'opérer, il a une cardiopathie, le chirurgien dit qu'il y a des risques… Magali, c'est autre chose, l'école ne lui plaît pas, elle ne fait rien !… Denis, lui, il ne mange rien, il pleure tout le temps. Mon mari est bien trop préoccupé par son travail… Je ne veux pas l'embêter avec tout ça…
– C'est bien dur, tout ça.
– Je ne veux pas qu'on me plaigne.
– Non, ce que je voulais dire, c'est que je peux comprendre votre colère et partager votre inquiétude… »

Le silence s'installe. L'agressivité de Mme André est retombée, elle baisse la tête, semble réfléchir. Après un temps assez long, elle relève la tête et, regardant l'assistante sociale en face, elle lui dit :
« Et alors, qu'est-ce qu'on peut faire ?
– Qu'est-ce que vous avez envie de faire ? »

Grâce à cette position de l'assistante sociale, Mme André est redevenue une personne qui peut s'organiser dans la mesure de ses moyens. L'aide de l'assistante sociale sera mise en place de telle manière que Mme André se sente toujours concernée et soutenue dans ses décisions.

Cette situation de crise a trouvé une solution rapide, parce que Mme André sait faire les liens entre sa demande première, obtenir un secours, et les problèmes sous-jacents qui la préoccupent. Elle a besoin de s'assurer que l'assistante sociale l'écoute et ne la rejette pas.

Christophe a perdu l'anorak. Ce vêtement est l'élément clé qui amène Mme André dans le bureau de l'assistante sociale. Ce vêtement a une signification « d'ordre symbolique », il rappelle la cardiopathie, mais aussi la situation difficile du chômage, parce qu'il faudra de l'argent pour remplacer le vêtement. Plus profondément, la perte de l'anorak peut représenter l'impuissance et l'échec de Mme André, son incapacité à être une mère reconnue par ses enfants comme une bonne mère.

Christophe est malade, Magali est en échec scolaire et Denis lui reproche de ne pas bien le nourrir ; de plus, en pleurant, il lui montre qu'elle ne sait pas le consoler. Mme André est culpabilisée, découragée. L'agressivité devient le seul moyen de sortir de la culpabilité. Elle soulage ainsi par la colère ses sentiments d'échec et d'impuissance.

Le rôle de contenant que peut jouer l'assistante sociale grâce à son écoute a suffi à faire tomber la colère de Mme André qui a des capacités à se mobiliser lorsqu'elle se sent reconnue.

La suite se déroulera sans problème particulier, Mme André adhérant à l'aide proposée.

Gisèle

En arrêt maladie, Gisèle a pris contact avec le service social spécialisé, dont l'une des missions prioritaires pour l'assistant social est de *prévenir la désinsertion professionnelle des assurés malades ou handicapés.* La rencontre a eu lieu dans un moment de crise. Elle a été suivie d'un accompagnement social.

Dès son entrée dans le bureau, l'espace est envahi par l'anxiété et l'expression des angoisses diffuses de Gisèle... Elle est très mal, son débit est très rapide et confus. Elle se tord les mains, fixe le sol et jette des coups d'œil furtifs et désespérés. « Je viens vous voir, mais je sais que vous ne pouvez rien pour moi ! On m'a dit que, si j'étais reconnue "travailleur handicapé", je pourrais envisager un reclassement professionnel... Mais je ne suis pas handicapée... Vous le voyez bien... » Lorsque je lui demande ce qu'elle veut dire par là, elle répond très agressivement qu'elle n'a aucun handicap physique et qu'elle n'est pas folle non plus... Je lui suggère de m'expliquer les difficultés auxquelles elle se trouve confrontée, pour pouvoir mieux évaluer son problème.

Je comprends qu'elle ne peut plus envisager de conserver son emploi à la suite de conflits très importants avec sa responsable d'atelier. Leurs relations semblent en effet fortement compromises puisque l'arrêt maladie est lié à ces difficultés. Sans me focaliser sur son problème professionnel, je tente de me mettre calmement à son écoute, et de voir avec elle si je comprends bien ce qu'elle est en train d'exprimer. Elle s'abandonne à un immense désespoir, où apparaissent non seulement la menace qui pèse sur son emploi, mais aussi une situation familiale dégradée : il est question pour elle de quitter le domicile conjugal.

Elle dit ne plus savoir où elle en est : « Je suis mal dans ma tête... Je suis tellement anxieuse... Je ne peux plus supporter de ne pas donner une bonne image de moi... » Elle se calme cependant et paraît plus capable de verbaliser toute sa souffrance, indicible jusque-là, et l'atmosphère semble se détendre. Elle formule ses difficultés : « Je ne peux plus supporter de n'être que manutentionnaire... Je peux mieux faire... »

À la fin de l'entretien, je propose que nous prenions le temps de nous revoir, pour essayer de reparler de tout cela et tenter de chercher ensemble les solutions les mieux adaptées à sa situation. Elle accepte avec empressement : parler lui « fait tellement de bien... »

Elle s'excuse beaucoup auprès de moi de s'être ainsi allée à manifester sa colère. Je lui réponds qu'il me semble que j'ai bien entendu la manière dont cette situation la fait souffrir, et que je suis là pour ça, mais qu'il est nécessaire d'y voir plus clair.

Je retrouve Gisèle une quinzaine de jours après. Elle est beaucoup plus calme, son discours est moins désespéré, et nous pouvons reprendre facilement les termes de notre première entrevue. Des aspects positifs apparaissent maintenant.

Nous apprenons qu'elle avait auparavant essayé de résoudre son problème professionnel en effectuant une formation de comptabilité en parallèle. Mais à son retour, elle n'a pas trouvé de poste correspondant à ses compétences, et elle a dû reprendre son travail de manutentionnaire. « Cela a été dur pour moi [...]. Des fois, je me crois folle, comme dans un rêve... comme si jamais on ne pourrait reconnaître ce que je suis... Mais pourtant, c'est bien normal de vouloir faire quelque chose de sa vie ! »

Facilement, elle accepte de parler de son vécu. Nous pénétrons ensemble dans son parcours de vie, dans son enfance. Elle décrit un climat familial *a priori* bien banal, vu de l'extérieur, mais où, bien sûr, les événements se sont inscrits d'une façon *bien particulière* pour elle. Ses parents étaient ouvriers, apparemment sans difficulté majeure. Elle est la deuxième de trois enfants, et elle aborde sa difficulté à exister, déjà dans son enfance. Elle s'est toujours sentie « coincée » entre un grand frère qui ne réussissait pas bien à l'école et qui était donc source d'inquiétude, et un plus petit qui, du fait de son âge, était l'objet d'attentions et se faisait chouchouter. « Moi, je travaillais bien, mais il fallait que je me fasse remarquer. On me tombais toujours dessus et, toujours, j'entendais : "Comme si on n'avait pas assez de soucis..." Vous voyez, j'apporte toujours des ennuis. »

Il devient facile de l'écouter, de revivre avec elle, de penser à ses bêtises incessantes. Et je peux déjà comprendre ses manifestations de désarroi, son besoin d'être reconnue, ses tendances à la régression et à l'agressivité, qui pouvaient la pousser à « faire ces bêtises ».

J'apprends aussi qu'elle est partie de la maison à 18 ans, alors qu'elle était enceinte, pour se marier. Elle dit : « Je sentais que je n'étais pas bien à la maison. On ne m'écoutait pas. On ne me comprenait pas... Je savais bien, en même temps, que je n'aurais pas dû me marier, mais il me semblait gentil... Et puis, je ne sais pas dire non... Et j'ai encore fait une bêtise... » Elle dit encore : « Je sais que je peux être bonne... Je peux arriver à mieux que ce que j'ai fait jusqu'à maintenant. *Mais il faut qu'on m'aime...* »

Elle est sur le point de quitter son mari. « Cela ne va pas du tout... » Puis elle s'étonne de pouvoir parler de tout cela. « J'ai tant besoin qu'on m'aime !... Mais je ne peux pas le demander... et mon mari, il ne comprend rien... »

Nous sommes bien loin de la première demande qui concernait son statut de travailleur handicapé. Mais nous avons tout à fait l'impression qu'elle a pu trouver là suffisamment d'écoute, de confiance, de partage et de reconnaissance pour pouvoir avancer seule. Elle se réapproprie son cheminement et se sent de nouveau partie prenante. Elle semble retrouver des capacités.

Elle répète : « J'ai besoin de me faire aimer, de me faire remarquer, même si c'est en passant par des bêtises... qui vont me démolir... »

Peut-on établir un lien, et imaginer que son expérience d'enfant l'a tellement marquée que les choses ne peuvent se passer autrement, sauf si elle arrive à décortiquer ce qui se passe en elle ? Cela lui permettrait alors de devenir plus forte, en retrouvant sa capacité à être « aimable ».

Une relation authentique s'est patiemment construite entre nous, des sentiments des plus sincères ont pu être reconnus, et il semble alors si apaisant pour elle de pouvoir les partager ! Un véritable échange s'opère, dans un va-et-vient où je me sens moi-même témoin et accompagnatrice d'une pensée intime, si indispensable à sa revitalisation.

Par ailleurs, engagée dans cette démarche avec elle, j'ai très vite vu apparaître un questionnement et des inquiétudes personnelles. Va-t-il m'être possible de la soutenir et de la comprendre suffisamment ? Cela relève-t-il des compétences d'un service social ? Comment solliciter au mieux ma vigilance pour rester digne de la confiance qu'elle m'accorde et comment trouver l'attitude empathique adéquate, lorsqu'elle murmure : « Je n'ai jamais dit cela à personne d'autre que vous !... Jamais je n'ai pu parler de tout cela avec mon psychiatre... » Elle consulte effectivement un psychiatre pour sa dépression.

Pourtant, il semble important, ici, de souligner que c'est justement la maîtrise de *l'offre d'une certaine qualité d'accueil, de chaleur et de sécurité* qui la font passer d'une première demande de travail à *la véritable expression* de ses sentiments et de son vécu. C'est bien cela qui lui permet d'éprouver son problème, de se le réapproprier et de trouver ses solutions. C'est ainsi qu'elle se conforte et cette situation me fait penser à des « vases communicants ». Il semble qu'au fur et à mesure qu'elle confie ce qui est au plus profond d'elle-même – sa culpabilité, son immaturité, sa « non-valeur » – d'autres forces se mettent en action.

Il m'est aussi apparu, à la réflexion, que c'est lorsque Gisèle a pu raconter son enfance et décrire sa position dans la famille que j'ai compris l'état d'hyperanxiété dans lequel elle s'était présentée à moi.

Winnicott écrit : « La crainte clinique de l'effondrement est la crainte d'un effondrement qui a déjà été éprouvé. C'est la crainte de cette agonie originelle qui a causé l'organisation défensive que le patient manifeste, sous la forme d'un syndrome de maladie » (*Nouvelle revue de psychanalyse*, 1975).

En effet, nous pouvons alors mettre tout à fait en relation « des fois je me crois folle » avec « on me tombait toujours dessus » ou « il fallait que je me fasse remarquer », et nous pouvons penser qu'elle se retrouve confrontée au même mal-être que celui vécu dans sa petite enfance.

C'est en lui donnant l'opportunité de pouvoir établir une relation positive, en créant pour elle « un environnement favorable, un encouragement des processus de maturation », qu'on a pu permettre à Gisèle, me semble-t-il, de s'acheminer vers une certaine reconstruction dans laquelle elle allait trouver une cohérence intérieure.

Au terme d'un accompagnement de six mois, elle projette maintenant son avenir différemment, et peut reconnaître, malgré les difficultés toujours présentes, certaines qualités à son mari, ainsi que sa part de responsabilité dans leurs conflits. Elle l'associe à présent à son projet, tout à fait réalisable, de *création de commerce*, rêve enfoui en elle depuis de si nombreuses années. Elle commence à agir, se prend en charge, effectue des démarches en s'appuyant cependant toujours sur notre relation, assurée de mon écoute. Elle se prémunit ainsi, peut-être, de passages à l'acte si détériorants pour elle. Elle n'attend presque plus rien de moi, si ce n'est que je l'écoute attentivement et que je reformule ce qu'elle propose… Elle ne me semble plus être en danger, elle a désormais éprouvé la solidité de notre lien, elle sait qu'elle est digne de confiance et qu'elle conserve la possibilité de parler de toutes ses ambivalences, de ses sentiments positifs mais aussi négatifs. Surtout, elle constate qu'elle a le droit de les ressentir, même si cela ne lui renvoie pas une bonne image d'elle. Si quelqu'un d'autre comprend, cela peut donc ne plus la détruire et elle sait maintenant qu'elle peut rester « estimable », même lorsqu'elle verbalise des choses négatives.

Dans cette démarche, il a fallu ne pas se montrer directif en lui proposant des solutions mais la suivre dans ce qu'elle proposait, respecter ses préoccupations majeures en lien avec le plus intime d'elle-même. Il fallait être *présent au besoin* afin qu'elle retrouve *ses propres capacités*.

Léo (M. et Mme L.)

Léo, troisième enfant de la famille et le seul garçon, est né après une grossesse difficile. À la naissance, il est atrophique et on suspecte une trisomie 21. Après le résultat négatif des tests génétiques, l'enfant est décrit comme dysmorphique. À 3 mois, très agité, il est placé en observation au centre de rééducation fonctionnel où il sera placé en internat jusqu'à l'âge de 2 ans et demi. La famille ne s'est manifestée que très rarement durant cette période et n'a jamais accueilli l'enfant pour le week-end ou pour d'autres moments.

Après deux ans et demi de rééducation, l'enfant marche seul ; cependant, un diagnostic très lourd est porté sur le devenir psychologique et le retard global du développement.

L'assistante sociale de l'établissement constate que la famille se sent en insécurité et s'avoue incapable de reprendre l'enfant. Elle propose aux parents un suivi à domicile par une équipe de soins.

Léo sort fin décembre pour les fêtes de fin d'année.

Début janvier. M. L. appelle le service, il est furieux... Il ne veut pas entendre parler de suivi par l'assistante sociale, mais il accepte une éducatrice.

Mi-janvier. L'éducatrice, qui commence ses interventions au domicile, est très inquiète. Le climat familial est tendu, elle s'occupe de Léo sous la table de séjour tandis que le père hurle et gesticule au-dessus, menaçant ; un fusil est posé sur la table.

Fin janvier. L'hospitalisation de Mme L. est envisagée en clinique psychiatrique.

Je prends contact avec le secteur afin d'organiser la prise en charge de Léo et des enfants de M. et Mme L. Le secteur m'apprend que la famille est très difficile et que beaucoup de travailleurs sociaux s'épuisent les uns après les autres auprès d'elle. La famille a un passé lourd. Le secteur s'inquiète de la pathologie de Mme L. et de l'éthylisme de M. L. Les travailleurs sociaux et la famille semblent vivre une situation d'échec. Face à ce constat, le service de soins à domicile veut que j'intervienne et l'éducatrice, qui se sent menacée, me demande de rencontrer la famille malgré l'opposition de M. L.

Mi-février. Une consultation au service est envisagée afin de mobiliser M. et Mme L. autour de Léo.

M. L. accepte et amène sa femme, sortie de clinique, pour cette occasion. Je me trouve dans l'entrée, un peu par hasard, un peu au cas où... lorsque M. et Mme L. arrivent. Je les accueille l'un et l'autre, les invite à s'asseoir. M. L. refuse, il est très agité, alors que Mme L. paraît en détresse. M. L. se montre pressé, volubile, bouscule sa femme. Je fait asseoir Mme L. et propose à M. L. de m'aider à l'installer (Mme L. a un problème au genou). Ce geste arrête son flot de paroles. Lorsque je me redresse, je me présente. M. L. marque un temps d'arrêt, me détaille minutieusement, se détourne en disant : « Je ne m'attendais pas à ce que vous soyez comme ça. » Puis : « On vous a dit que je ne voulais pas vous voir ? – Oui. »

M. L. reprend : « Je n'aime pas les assistantes sociales. J'ai des raisons pour cela... elles m'en ont fait baver... J'ai reçu des baffes que je n'ai pas oubliées. Ici, c'était le foyer. J'y ai beaucoup souffert... Je suis de l'Assistance publique. » En effet, les locaux du service de soins sont les anciens locaux du Foyer de l'enfance. Je reconnais qu'il doit lui être bien pénible de venir ici, pour son fils. M. L. dit : « Oui... Vous auriez pu trouver un autre endroit... La première fois que je suis venu, j'ai cru que tout allait recommencer pour mon fils comme cela avait été pour moi. Maintenant, si vous venez chez moi, je ne vous mettrai pas dehors. »

Début mars. M. L. veut me voir. C'est urgent, il lui faut un rendez-vous immédiatement. J'organise un rendez-vous le surlendemain après son travail, à son domicile.

À mon arrivée, Mme L. est seule. Elle paraît faible, mais a meilleure mine et je le lui dis. Mme L. exprime son soulagement d'être enfin à la maison. C'est son troisième séjour en clinique psychiatrique depuis la naissance de Léo.

Mme L. s'exprime sur son vécu ; elle a toujours été malade, depuis son plus jeune âge. Elle a été placée à l'Assistance publique à 12 ans, bien qu'elle ait encore sa mère... « Elle ou rien... », dit-elle. Je sens toute l'amertume et la rancœur de ce passé et reconnais sa souffrance liée à ce vécu douloureux.

Les filles rentrent de l'école... Voilà déjà une heure que j'attends et Mme L. commence à s'inquiéter... Elle se demande si M. L. n'a pas eu d'accident, passe de l'anxiété à la colère en disant : « Il le fait exprès. »

Le temps passe… une heure et demie s'écoule. J'ai quelque difficulté à rester sereine face à la panique qui semble gagner Mme L.

M. L. arrive enfin… Il paraît être dans une grande excitation… Il crie contre sa femme. Il ne me salue pas. Il me tourne le dos tout en fouillant dans un meuble. Il en sort une chemise cartonnée débordante de papiers de toutes sortes qu'il jette devant moi sur la table : « Tout cela, c'est à vous… Débrouillez-vous, moi j'en ai assez, je ne veux plus en entendre parler. » Mme L. se recroqueville sur sa chaise.

Je regarde le fatras devant moi et remarque qu'il y a en effet beaucoup de papiers. « De quoi s'agit-il ? » M. L. donne un coup de poing sur la table : « J'en reçois tous les jours, c'est de l'argent qu'on me réclame… Je les crèverai tous… » Je lui dis que, lorsqu'on est angoissé, on se met en colère. M. L. me regarde et s'arrête. Je lui demande s'il a revu l'assistante sociale qui s'occupait de lui et si elle est au courant de tout cela. Il me répond qu'il ne l'a pas revue… Il lui a dit certaines choses… Elle ne fait rien pour lui… Il n'a pas osé parler de tout cela. Je tapote le dossier et dis : « Voilà pourquoi tout s'est accumulé. »

« – Elle me demandait de changer ma façon de vivre, de ne pas dépenser, qu'est-ce que vous voulez que je change ? Tout ce que j'achète, j'en ai besoin… Je n'ai pas assez d'argent pour tout payer avec tout ce qui est arrivé depuis l'hospitalisation de ma femme. »

M. L. pousse ensuite le dossier vers moi :

« Il est à vous, cela ne me regarde plus…

– Non, cela nous regarde tous les deux.

– Je suis à bout, si je vous appelle, c'est pour ne plus avoir à y penser.

– Je n'ai pas la possibilité de faire ce que vous me demandez.

– Alors de quoi êtes-vous capable ? On veut me saisir… Avec tous les soucis que j'ai, on devrait au moins me foutre la paix, et je suis poursuivi comme un malfaiteur… J'ai envie de tuer tout le monde… »

Je reconnais sa colère et son angoisse, sa solitude, sa difficulté à accorder sa confiance. M. L. me regarde, puis ajoute : « Non, je ne peux pas faire confiance. Les gens sont tous des salauds… Il y en a qui seraient bien contents que je crève. »

Je prends le dossier et le mets entre les mains de M. L. qui est resté debout jusque-là. Je me rassieds et j'attends. M. L. reste immobile quelques instants, puis il dit : « On ne peut pas dire que vous ne soyez pas têtue. » Il prend alors une chaise et vient s'asseoir à côté de moi. Il ouvre lentement le dossier et commence à trier les papiers importants qu'il me montre avec force explications. M. L. se sent l'objet d'escroqueries, on lui en veut... on se venge de lui... on veut le faire crever. Chaque papier fait resurgir sa colère. Lorsqu'il s'arrête pour reprendre son souffle, je dis : « Tout cela est bien douloureux. »

M. L. expédie le dossier à l'autre bout de la table : « Je suis coincé. Je ne peux rien faire... » Je rattrape le dossier et je dit : « Tout ce qu'il contient est important. – J'ai envie de tout jeter au feu... Je ne peux rien. Je n'en peux plus. »

M. L. se tape alors sur le front avec son poing dans un geste d'impuissance et de désespoir. Il a les larmes aux yeux. Je le laisse à son émotion. Lorsqu'il a retrouvé son calme, il exprime ses sentiments : on l'étrangle, il étouffe ; puis il me demande : « Ne me laissez pas tomber. » Je réponds que je n'ai pas envie de le laisser tomber. Nous reprenons alors le dossier. M. L. est maintenant en mesure de classer ce qui lui paraît urgent à régler.

Nous épluchons tous les papiers et les classons ensemble par ordre d'urgence. Lorsque nous avons fini, M. L. se sent de nouveau désemparé, il est assailli par d'autres incertitudes, d'autres angoisses, tout s'embrouille, il ne sait plus où il en est. Tout se bouscule en lui : la travailleuse familiale va-t-elle être payée ? Et la gardienne de Léo ? Le renouvellement longue maladie de sa femme ?

Je dis à M. L. qu'il est important de voir l'assistante sociale du secteur pour savoir ce qui a déjà été réglé. Je vais la rencontrer, il est nécessaire de connaître la situation avec exactitude. M. L. prend peur : « Je ne lui ai pas parlé de tout cela... Elle sera en colère contre moi. »

Je demande à M. L. s'il me fait confiance. Il me répond : « Oui, je vous fais confiance, alors ne me laissez pas tomber. Je suis incapable de m'en sortir tout seul... Je me mets en colère, je peux tuer tout le monde, en fait, je suis un idiot... » Je demande à M. L. si c'est vraiment ce qu'il ressent. « Je ne le suis peut-être pas tout à fait, mais je suis incapable de me débrouiller dans la vie... Si vous nous aidez, peut-être qu'on s'en sortira... » M. L. se tourne vers sa femme en disant : « Tu verras, on s'en sortira. » Il se montre optimiste pour l'avenir, il demande à sa femme de me faire visiter la maison.

Pourquoi les papiers sont-ils un symptôme clé de la problématique de M. L. ? M. L. dit ne rien comprendre aux papiers qui l'envahissent.

Si l'on met bout à bout ce qui constitue le vécu de M. L., on comprend qu'il a été recueilli par le service d'aide à l'enfance à l'âge de 12 ans. Les papiers, c'est sa souffrance d'enfant recueilli, c'est lui « le dossier », considéré ainsi par l'administration de l'Assistance publique. Il s'est senti « manipulé » par les décisions qui ont été prises pour lui : placement en foyer, apprentissage, retour au foyer après ses fugues, etc. Les papiers concernent aussi l'expérience familiale où l'on apprend progressivement à gérer sa vie, à se repérer dans le dédale des administrations. Les papiers renvoient à l'identité. M. L. ne sait pas très bien qui il est, ni où se situer dans les limites et les exigences de la vie sociale. Face aux impératifs de la réalité, il découvre un monde hostile auquel il n'est pas préparé. Les papiers le rendent méfiant. Ne comprenant pas ce qu'on exige de lui, il se sent impuissant. On lui impose une frustration avant de lui avoir donné suffisamment.

M. L. a sans doute peu reçu dans son enfance et montre ainsi la faillite des soins : il ne peut faire confiance à personne, pense que tout le monde lui en veut et concourt ainsi à sa perte. Il doute maintenant de pouvoir être aimé pour lui-même et entretient un espoir limité, qui s'éveille parfois et disparaît aussitôt que l'on cesse de l'assister.

Il sait qu'il est né de père inconnu et que sa mère l'a abandonné : malade mentale, elle n'a jamais pu s'occuper de lui. Sa grand-mère, décédée lorsqu'il avait 12 ans, ne lui a laissé que très peu de souvenirs. À cause de ce passé familial, il a très peur de la maladie mentale, d'être comme sa mère. En tout cas, son fils psychotique lui renvoie la certitude d'avoir cette tare : la folie.

C'est dans la colère qu'il revit l'expérience de l'explosion, qui voisine avec la folie, sans qu'il soit pour autant considéré comme fou. C'est la première traduction de l'insupportable avant la mise en mots, c'est l'exutoire porteur de restructuration. Si l'assistante sociale peut le comprendre ainsi et ne pas se sentir attaquée, elle offre un espoir parce que l'explosion ne détruit personne, on peut la reconnaître comme faisant partie de la vie, et vivre, c'est pourvoir faire des projets et bâtir un avenir.

La pathologie familiale qui est apparue dans cet entretien a nécessité une aide à long terme, la famille avait vécu trop de blessures et se décourageait très vite. Il fallait constamment montrer que l'on était là, fiable et solide. C'est à ce prix que les enfants ont pu se développer et grandir, et la famille rester unie, ce qui était le souhait profond de M. et Mme L.

L'aide à long terme

La multiplicité des demandes et la dégradation des situations rendent le suivi à long terme de plus en plus difficile. Les actions de protection maternelle et infantile, qui faisaient autrefois l'objet d'un suivi systématique, ne peuvent plus être assurées. Les travailleurs sociaux doivent gérer des situations aux risques majorés, difficiles à traiter. Les problèmes liés à la précarité sont l'objet d'une aide ponctuelle et ont tendance à être banalisés en raison de leur fréquence et de leur similitude apparente.

Les relations d'aide à long terme que nous développons ici ont à voir avec la maladie et la désinsertion sociale. Les cas développés montrent qu'un tel travail auprès des personnes en grande souffrance reste un moyen de soutien incontournable.

La durée de l'aide dépend des objectifs du service, de ses missions et des disponibilités de l'assistante sociale et du client. Elle est fonction de la désadaptation, de l'absence ou du dysfonctionnement familial et social. Elle va entraîner une certaine « dépendance » et un engagement de la part de l'assistant de service social qui, au début, sera souvent le seul interlocuteur, le seul lien. Mais ce lien peut évoluer en fonction des besoins et s'élargir à d'autres partenaires. L'assistante de service social doit nécessairement s'engager. Mais ne s'engage-t-elle pas déjà tous les jours pour tous les clients ? Elle est quoi qu'il en soit une « accompagnante » au long cours... autant donc avoir des objectifs précis et clairs, la meilleure compréhension possible de ce qui se passe entre elle, le client et son environnement.

La relation d'aide s'inscrit toujours dans la réalité familiale et sociale du client. Les relations « infinissables », qui tiennent à des cas limites, sont des étayages pour que la vie reste possible sans trop de déstructuration.

L'aide à long terme permet de repérer des étapes, de s'arrêter pour réfléchir ensemble, de repréciser des objectifs : autant de respirations nécessaires qui permettent de mesurer les avancées vers une meilleure autonomie, mais aussi de mettre fin à la relation d'un commun accord parce qu'un certain contrat a été rempli. Elle est un moyen pour maintenir les personnes à fleur d'eau et leur permettre de croire en leurs potentialités : c'est un espoir dans un désespoir, qui permet de cheminer à nouveau.

La durée de la prise en charge est signifiante pour le client et demande une implication toute particulière de l'assistante de service social. Quatre situations ont été choisies dans lesquelles la relation d'aide repose sur l'évaluation, qui s'affine au fur et à mesure que les besoins se modifient. Nous retrouvons à chaque fois des personnes en grande souffrance psychique et physique, aux prises avec des angoisses destructrices, et le plus souvent avec une pathologie des liens familiaux et sociaux. À chaque fois aussi, il y a progression, meilleure adaptation à la réalité, même si les problèmes profonds ne sont pas résolus. Chacun, avec son cheminement propre, améliore sa condition, que ce soit pour mieux vivre ou pour mieux mourir. Pouvoir comprendre de quoi est faite la démarche, quels problèmes sous-jacents sont à l'œuvre et se manifestent par des actes et se donner le temps pour faire une bonne évaluation, tel est le pari que nous avons posé.

La première situation est traitée avec l'approche rogerienne. L'aide permet à l'enfant et aux parents de se réaliser. La famille accède peu à peu à une dimension sociale qu'elle ne connaissait pas.

La deuxième situation est celle de Robert, malade alcoolique. L'assistante sociale ne le soigne pas, elle l'aide à vivre concrètement, à garder un toit, à subvenir à ses besoins vitaux et à trouver la force de se limiter. Progressivement, il se mobilise et va tenter d'aménager une vie moins contraignante à gérer, en s'appuyant sur l'authenticité de la relation créée.

La troisième situation est l'accompagnement de Michèle, gravement malade et consciente du pronostic irréversible, terrorisée mais si vivante. L'assistante sociale a pu réaliser cet accompagnement, ô combien difficile, mais qui s'est révélé très apaisant pour Michèle et sa mère, et pour elle-même qui a pu tenir jusqu'au bout.

La quatrième situation concerne Brigitte, atteinte de troubles mentaux. L'assistante de service social ne va pas la soigner, mais elle lui permettra d'organiser sa vie, de la gérer, de trouver un espace possible pour vivre avec sa souffrance et surtout de retrouver confiance en elle, de trouver un espace entre ce que la maladie lui permet et la vie ordinaire.

Situation de famille démunie socialement : Serge

L'institution de rééducation motrice dans laquelle j'exerce accueille des enfants et des adolescents âgés de 4 à 18 ans, atteints d'un handicap moteur. Les affections traitées sont majoritairement consécutives à une anoxie néonatale et sont classées dans la catégorie des infirmités motrices d'origine cérébrale (IMC). L'éventail des difficultés présentées par ces enfants est large : troubles psychomoteurs, hémiplégies, paraplégies, quadriplégies, restreignant, selon le cas, leurs capacités motrices, intellectuelles ou relationnelles. Un projet éducatif, rééducatif et scolaire est établi pour chacun, en lien avec les parents.

La fonction de l'assistante sociale dans l'institution consiste à faire « le lien avec les familles ». En plus de son rôle traditionnel concernant l'aide administrative (obtention de divers droits, constitution de dossiers y afférant...), l'assistante est sollicitée quand « quelque chose ne va pas ». On peut donc dire que son intervention est toujours liée au désir de quelqu'un que « quelque chose change ». Désir certes légitime de la part des équipes aux prises avec les problèmes de l'enfant, et que l'assistante entend, mais qui la place dans une situation complexe.

Pendant neuf ans, j'ai été en relation d'aide avec la famille d'un enfant pris en charge par cette institution. Au cours de ce long accompagnement, l'approche centrée sur la personne, de Carl Rogers, a influencé et modifié ma façon d'être. C'est à la lumière des concepts de base de cette approche que je vais tenter d'analyser la relation famille-environnement social et la relation mère-enfant-institution.

Quand Serge arrive dans l'institution, il a 5 ans ; il souffre de troubles psychomoteurs. Enfant chétif, sale, il est effrayé par tout ce qui l'entoure, il hurle dès qu'on l'approche. L'équipe pluridisciplinaire qui s'occupe de lui s'interroge sur son milieu de vie. Sa mère est diagnostiquée « débile psychotique ». Les services du tribunal et ceux du secteur rencontrent des difficultés dans leurs interventions en raison du comportement des parents. Ces derniers refusent que leur fille aînée (Serge a deux sœurs de 7 et 3 ans) participe aux sorties éducatives dans le cadre de l'AEMO mise en place par le juge des enfants. Ils refusent également de signer le « prêt d'honneur », seul moyen permettant d'accéder au plan de redressement de la situation financière. Le chômage, les dettes, les menaces d'expulsion écrasent le quotidien. Les tutelles, lassées par ces refus, ont décidé de suspendre toute aide : « Augmenter leurs manques doit les faire réagir, participer aux projets, retrouver du travail. »

Je partage les interrogations de l'équipe et m'implique dans cette situation : Serge porte sur lui les symptômes du dysfonctionnement familial et social. Mon but est d'aider sa famille à résoudre ses difficultés, afin qu'elles n'entravent pas la mise en œuvre du projet scolaire, éducatif et rééducatif élaboré pour lui.

Dans cette famille, je suis immédiatement confrontée à la *peur*. C'est d'abord la peur de la mère de Serge. Très réticente à me recevoir, elle se referme, espace nos rencontres sollicitées par l'équipe au sujet de son fils. Comment l'aider à sortir de ce gouffre ? Comment apprivoiser cette mère ? Je peux mesurer l'écart entre les différents projets et leur réalité, entre la demande pressante de l'équipe et la détérioration du milieu familial. C'est ensuite la peur sociale qui submerge cette famille et l'engloutit.

Mon travail se centre sur la mère et c'est elle que je rencontre le plus souvent. Elle se balance sans cesse et son large sourire figé n'est pas en accord avec ses paroles. Perdue, craintive, elle ne voit pas comment s'en sortir et se sent menacée par le juge, le tuteur aux allocations familiales, les huissiers. Elle n'écoute rien de ce que je peux tenter de dire de « raisonnable ». Je ne peux jamais finir une phrase. Elle parle sans arrêt. Je me sens à la fois totalement impuissante et profondément concernée car je désire prendre soin de cette mère, ne pas la laisser tomber. Je la sens démunie, apeurée, comme un oiseau sur la branche (malgré sa corpulence).

Ce jour-là, je suis assise à ses côtés sur le canapé, anéantie par ses balancements et sa logorrhée. Soudain, je suis envahie par une inspiration : « Que puis-je faire, si ce n'est la considérer positivement pour lui redonner confiance en elle ? » J'abandonne les demandes extérieures (signature du prêt d'honneur, exigences diverses de l'équipe...). Avec le désir qu'elle retrouve confiance en elle, je l'écoute d'une autre façon. Mon attitude devient *accompagnement*. J'essaie de la comprendre profondément en ayant l'intuition que tenter de la rencontrer à sa source permettra peut-être une émergence.

Nos entretiens se poursuivent. Elle déverse dans tous les sens et abondamment son histoire passée et présente, ses traumatismes : la perte de sa mère alors qu'elle n'avait que 14 ans, ses placements successifs. Étaient-ils dus à la pauvreté de ses parents, à leur mauvaise santé, à ses crises de nerfs à elle ? Elle n'a jamais vraiment eu de réponse et elle s'interroge encore à ce sujet. De même qu'elle s'interroge sur la réalité et les causes des problèmes de son fils : « Ils l'ont touché à la naissance... » Il a été transporté en soins intensifs et elle ne le reconnaît pas quand elle peut aller le voir. Qu'y a-t-il eu exactement ? Elle ne le comprend pas. Elle ne comprend pas.

Je prend conscience de sa profonde souffrance, mais aussi de sa capacité d'expression de plus en plus ouverte et de l'évolution de notre relation. Mais je suis très inquiète face à l'ampleur de ce marasme social et quant à ses effets sur Serge. Les éducateurs et l'institutrice se heurtent au refus de cette mère de les rencontrer et de signer les autorisations nécessaires aux sorties scolaires de Serge.

C'est à ce moment de notre relation, à l'occasion d'une formation, que je découvre l'approche centrée sur la personne. Mon travail avec cette famille prend alors un sens nouveau. « Les attitudes d'empathie, de considération positive inconditionnelle, d'authenticité, favorisent le climat caractéristique à l'intérieur duquel le client peut se développer, faire appel à ses propres ressources, trouver lui-même son chemin, garder son propre pouvoir sur lui... »

Cette philosophie me touche profondément, personnellement, professionnellement aussi, particulièrement en résonance avec cette famille. Même si je suis réduite à ne rien faire, savoir *être* avec eux peut créer un climat relationnel favorisant l'émergence et la mise en œuvre de leurs ressources personnelles. Les précédentes formes d'aide n'ont porté que peu de fruits (tutelle aux allocations familiales, AEMO, prêt d'honneur) et ont pu être perçues comme une tentative de prise de pouvoir sur eux. Chercher à imposer, bousculer, ne s'est pas avéré efficace. Les peurs, les souffrances, le repli sur soi n'ont fait que croître.

Je me sens rassurée par l'hypothèse de l'approche centrée sur la personne qui respecte profondément l'aspect unique de chaque être humain. Je peux m'autoriser à avoir davantage confiance en eux, en leur capacité à s'en sortir en suivant leur propre chemin. Je deviens plus sereine, j'acquiers une confiance plus grande dans l'importance et le bien-fondé de l'accompagnement de leurs sentiments, qu'ils m'apparaissent positifs ou négatifs, cohérents ou incohérents, et dans le respect de leur propre rythme. Je situe cet accompagnement dans un processus d'évolution plus global dans lequel l'*espoir*, l'attente confiante, prend le pas sur le risque de la *désespérance*. L'extrême patience qu'ils requièrent prend un sens véritable.

Tout le temps de l'accompagnement de cette famille, je perçois la complexité de la situation, l'intrication des différents éléments en présence, autant dans leur origine que dans leurs effets. Certains moments vécus, me semble-t-il, ont entraîné des changements significatifs ; ces moments de mouvement font référence à la théorie de l'approche centrée sur la personne. En voici trois.

Le goûter ; le prêt d'honneur

Les enfants, au retour de l'école, ne trouvent rien pour goûter. Ils appellent leur mère. Je perçois profondément son malaise et sa peur d'être jugée : je suis témoin de ce manque. Je prends congé sans rien dire, simplement dans une attitude d'acceptation de cette réalité. La semaine suivante, la mère aborde elle-même le problème financier ; peu de temps après, elle signe le prêt d'honneur. S'est-elle sentie suffisamment en sécurité psychologique, comprise, non jugée, acceptée, pour oser aborder d'elle-même réellement et dans son ensemble le problème financier ? Je le suppose.

Le travail

Le père ne travaille plus depuis la naissance de Serge. Je lui fais part d'une offre d'emploi stable. Tout est organisé, mis en place ; c'est une opportunité quasi miraculeuse dans le contexte économique présent. Il doit embaucher à 7 heures le lendemain, prendre le train à 6 heures.

Ce jour-là, il ne se lève pas ! La colère et la rancœur me submergent quand il m'en informe, tout penaud. Cependant, très rapidement, je prends conscience de mon erreur. Refaire des façades, travailler loin de chez lui, prendre le train tous les jours, cela ne correspond ni à sa personnalité ni au contexte familial. Mes inquiétudes face à leur manque d'argent et à leurs dettes m'ont amenée à agir à leur place dans cette recherche d'emploi.

J'exprime ce que je ressens : je ne chercherai plus de travail à sa place, car je sens qu'il trouvera l'emploi qui lui conviendra quand le moment sera venu pour lui, pour eux.

L'approche centrée sur la personne m'a permis de clarifier très vite mes sentiments dans cet instant et d'accepter la réalité plutôt que d'être une personne de plus à juger son cas « désespéré ».

Peu de temps après, le père de Serge est embauché comme éboueur en remplacement. Il se lève à 4 heures du matin, et rentre chez lui dès 10 heures. Dans les mois suivants, il devient chef d'équipe, puis responsable de l'organisation de ce travail sur plusieurs villes ; son emploi est stable, son salaire en augmentation.

L'autorisation de sorties, la peur

La mère exprime de plus en plus clairement ses multiples peurs : « Le laisser partir sans nous ? On a trop peur. Il se passe tellement de choses ! Vous devez trouver que je suis bête, mais c'est comme ça... » « Ma pauvre mère avait peur, elle aussi, et sans doute ma grand-mère, et mon arrière-grand-mère. C'est une peur héréditaire. C'est un peu comme une peur superstitieuse. C'est la peur de la mort. » « Pourtant, ça ne sert à rien d'avoir peur. Mais c'est trop difficile, je n'arrive pas à me forcer. »

Quelque temps après, elle autorise les sorties, souhaitant « faire plaisir à Serge et le laisser partir ». Plus tard, elle dira avoir « dépassé le stade des peurs imaginaires » ; il ne lui reste que « des peurs en rapport avec la réalité : de la vie, des risques, de la mort ». Et elle ajoute : « Si Serge pouvait se libérer de ses peurs, ce serait tant mieux pour lui. »

Dans notre relation, une compréhension profonde, l'acceptation, le non-jugement ont coexisté. La maman de Serge est moins sur la défensive ; elle a pu prendre le risque d'être connue sans craindre d'être rejetée ou jugée ridicule. Cela lui a-t-il permis alors de mieux se comprendre elle-même, d'accepter sa réalité et d'envisager l'avenir de façon différente ? Je le suppose.

L'ambiance familiale change. Les sœurs de Serge ont obtenu, elles aussi, l'autorisation de partir camper trois jours dans le cadre du centre aéré. L'appartement est repeint, le mobilier change. Le père dit : « J'y ai mis du temps, mais je suis arrivé à ce que je voulais. » Il apporte une cage, des oiseaux. Je les perçois comme un vent de liberté, un souffle d'air pur entrant dans l'appartement.

La mère de Serge se transforme. Les malaises qui l'ont accompagnée pendant des années (hypotension, céphalées, vertiges) laissent la place au désir de sortir, de maigrir, d'aller chez le coiffeur. Elle regarde les oiseaux dans leur cage : « Les oiseaux ne peuvent pas sortir, les pauvres. Moi, je sors. » Vient le jour où elle me demande de l'accompagner pour un entretien avec la maîtresse. C'est pour elle l'occasion de retracer l'évolution de Serge à l'école et à la maison. La maîtresse la rassure : « Serge n'a plus peur si on le touche, il ne crie plus, il a repris confiance en lui. Cette année, il s'est épanoui, il continue à évoluer. Il a acquis la lecture. Il a eu la meilleure note de sa classe en dictée. »

La mère, en écho, évoque les problèmes relationnels qu'elle a eus avec lui et dont elle a tant souffert, puis ses progrès aussi : « C'est mon fils. Pourquoi ne voulait-il pas se laisser approcher par sa mère ? J'avais l'impression que je n'étais pas sa mère. » « Pendant longtemps, quand il faisait des bises, il exprimait comme de la peur. » « Maintenant, on dirait qu'il a moins peur, qu'il se rapproche de nous. » « Comme il a fait des progrès à l'école, il a fait des progrès pour ça aussi. »

Serge à 14 ans. Il va changer d'institution. Sa mère me dit : « On ne se verra plus, tant pis. Maintenant, les papiers, ça va, et je m'arrangerai avec l'assistante sociale de l'autre école. Elle fait comme vous, elle est... » Elle ne trouve pas le mot. Je lui suggère : le lien ? « Oui, c'est cela, le *lien*. Je pense que ça se passera bien. Bien sûr, au début, je serai un peu gênée, comme avec vous, et puis ça ira, je serai à l'aise, on s'arrangera... » Je m'apprête à prendre congé, émue et vraiment heureuse de ce dernier échange. « Attendez, j'ai quelque chose pour vous. » Elle m'offre un vase décoré d'un oiseau qui s'envole d'une branche. « Voilà, dit-elle avec le sourire, on ne se verra plus. Au revoir. »

Les avis et les diagnostics au sujet de cette famille étaient négatifs, désespérés. La durée de l'accompagnement permet de mesurer l'évolution. L'approche centrée sur la personne propose une manière d'être grâce à laquelle la personne peut retrouver la confiance en elle et la liberté afin de poursuivre son propre chemin. Elle peut alors atteindre le meilleur d'elle-même et de ses potentialités.

Devant la difficulté à entrer en relation avec les membres de cette famille, à établir un climat de confiance, et compte tenu des expériences des collègues contraintes de passer le relais, mon attitude est devenue « accompagnement ». Réduite à ne rien faire, j'ai essayé d'être là avec eux, de les écouter, de les comprendre, de les accepter, sans exigence ni jugement. J'ai senti que, face à leur immense peur, il fallait avant tout qu'ils reprennent confiance en eux. Je ne pouvais qu'essayer de les entendre, et reconnaître leurs multiples difficultés, en m'efforçant de rester le plus près possible de ce qu'ils exprimaient et éprouvaient, en respectant leur rythme.

Au fil des mois, notre relation est devenue plus ouverte, plus confiante, plus authentique. Comme ils se sentaient en sécurité, ils ont pu aborder eux-mêmes ce qui les préoccupait, ce par quoi ils se sentaient menacés. Leur situation s'est peu à peu améliorée. Le père ayant trouvé du travail, ils ont abandonné leurs peurs fantasmatiques, créé une relation plus naturelle avec leur fils et avec l'institution ; ils se sont ouverts sur l'extérieur.

Qu'est-ce qui a pu se mettre en place au cours de ce lent processus ? En devenant confiants dans notre relation, les parents de Serge ne m'ont plus considérée comme susceptible de prendre le pouvoir sur eux et ont pu ainsi faire appel à leurs propres ressources.

Nous sommes au cœur de l'approche centrée sur la personne. Carl Rogers en expose les fondements : d'une part, le cœur le plus profond de la nature humaine est digne de confiance ; d'autre part, l'homme tend à actualiser le potentiel en lui, et, comme tout organisme vivant, il tend à la réalisation de soi. Voici comment il résume son hypothèse centrale, fondée sur les enseignements de l'expérience : « Chaque individu a en lui des capacités considérables de se comprendre, de changer l'idée qu'il a de lui-même, ses attitudes et la manière de se conduire. Il peut puiser dans ses ressources pourvu que lui soit assuré un climat d'attitudes psychologiques "facilitatrices" que l'on peut déterminer. » Il décrit trois conditions qui, si elles sont perçues par le client comme présentes dans la relation, contribuent à créer ce climat.

1. *L'empathie* est « cette capacité à entrer dans le monde de l'autre comme s'il s'agissait du sien propre ». Cela implique de « laisser de côté nos propres jugements, nos propres valeurs, afin de saisir avec une fine perception le sens exact de ce que vit le client [...]. Cela veut dire que le "thérapeute" sent exactement les sentiments et significations personnelles que le client est en train d'expérimenter, et qu'il communique cette compréhension acceptante au client. Ce type d'écoute est l'une des forces les plus puissantes que je connaisse pour favoriser le changement. »

Peut-être cette attitude a-t-elle été suffisamment perçue à certains moments ? Cette mère avait été diagnostiquée « débile psychotique » ; son comportement était en désaccord avec la réalité (ses refus, ses mimiques). Porter un regard autre sur ces symptômes, essayer de lui permettre d'en comprendre le sens m'ont permis de percevoir le degré de sa peur, son incapacité à faire confiance. Parvenir à ressentir pleinement en soi ce qui est éprouvé par l'autre touche profondément en retour. C'est ce que Carl Rogers appelle « la rencontre essentielle ».

Pour cela, il fallait que j'aie moi aussi confiance en ses propres capacités, que je l'accepte telle quelle. « Si j'accepte l'autre comme quelque chose de statique, déjà diagnostiqué et classé, déjà modelé par son passé, alors je contribue à confirmer cette hypothèse limitée. Si je l'accepte comme un processus "en développement", alors je fais ce que je peux pour confirmer ou rendre effectives ses potentialités [...]. Je l'aurai donc [...] confirmé comme une personne vivante, capable d'un développement intérieur créatif. »

2. *La considération positive inconditionnelle* est, à mon avis, directement reliée au postulat de la confiance fondamentale en la nature humaine. Cela implique l'accueil, l'acceptation, l'ouverture à ce que le client est sur le moment, sans regard évaluatif, avec respect et confiance dans le processus de développement de sa personne. Plus le sujet se sent accepté, à l'abri de jugements, plus il se sent en sécurité psychologique et plus il a tendance à prendre confiance en lui, à s'accepter, à devenir de plus en plus proche de lui-même. C'est une étape vers le mouvement. « Cela demande la volonté du thérapeute de laisser le client être le sentiment qu'il est en train de vivre, quel qu'il soit : confusion, ressentiment, peur, colère, courage, amour, orgueil. C'est une attention non possessive. Lorsque le "thérapeute" accepte le client d'une manière totale plutôt que conditionnelle, un mouvement en avant est probable. »

Notre relation a duré plusieurs mois, le moment arrive où la mère de Serge s'interrompt pour répondre enfin aux appels incessants et toujours laissés sans réponse de sa fille : « D'accord, je t'écoute », lui dit-elle soudain. Peut-être fallait-il, avant qu'elle en soit capable, qu'elle fasse l'expérience d'être inlassablement acceptée dans sa logorrhée. Plus tard, elle me dira elle-même : « Il n'y a plus de "papiers" à faire. Vous êtes là pour m'écouter. »

3. *La congruence* (troisième attitude décrite par Rogers) désigne « l'accord de l'expérience, de la conscience et de la communication ». Dans le contexte de la relation d'aide, de l'écoute

empathique, cela signifie rester relié à soi, en être conscient et rester « transparent » – ne pas se cacher derrière un rôle, une façade. « Plus le “thérapeute” est lui-même dans la relation, n'affichant pas de façade professionnelle ou d'image personnelle, plus grande est la probabilité que le client changera et se développera d'une manière constructive. »

J'ai fait ce lien lorsque le père de Serge m'a appris qu'il n'avait pas répondu à la possibilité de travail qui lui était offerte. Tout à la fois mon désarroi, ma stupéfaction, puis mon « lâcher prise » et ma confiance dans sa capacité à trouver lui-même un emploi adapté à ses capacités, à sa situation, ont certainement été visibles. Ainsi que le dit Carl Rogers, « il y a centration sur l'individu et non sur le problème. Le but n'est pas de résoudre tel problème particulier, mais d'aider l'individu à atteindre la “maturité” qui lui permettra de faire face au problème et aux suivants d'une manière mieux adaptée. »

Dans cet esprit, le client est le véritable acteur, seul créateur de son propre processus de développement. « Le “thérapeute”, sans idée préconçue sur le cheminement à suivre, se satisfait de servir à établir un climat qui donnera au client la plus grande liberté de devenir lui-même. »

Dans notre façon d'accompagner, nous mettons en œuvre notre propre capacité à être. Disponibilité, fluidité, ouverture à l'expérience du moment coexistent avec la créativité de l'instant : « Lorsque l'individu est entièrement ouvert à son expérience, sa conduite devient créatrice. » Ne s'agit-il pas de l'indéfinissable art à la fois d'être soi-même et de saisir la complexité de l'autre, susceptible d'initier une voie d'accès réciproque ? En tentant d'accompagner l'autre, d'être avec lui dans ce qu'il est seul à pouvoir découvrir, ne s'agit-il pas d'une rencontre entre deux humanités, qui permet que se mobilisent les forces du changement ? Avec tout ce que cela peut comporter, de part et d'autre, de tâtonnements, d'imprévisibles, d'incertitudes, de peurs, de risques, de courage, de patience, de remise en cause, de richesse, de complexité.

On apprend à être par la rencontre de l'autre, des autres, dans une réciprocité créatrice. Notre métier fait partie de notre propre processus de développement et nous conduit à vivre à la fois l'humilité, la confiance, la conscience de notre condition humaine, de son présent, de son devenir. Pour cela et à cause de cela, nous n'avons jamais fini d'être en recherche de savoir-être. Chaque relation vécue dans l'ici-et-maintenant réactualise cette quête, en nous amenant à vivre cette

« fluidité consentie et ressentie dans l'être-soi canalisé et disponible » (André de Peretti, *Présence de C. Rogers*).

À tenter d'aider l'autre, nous recevons beaucoup. Dans notre métier, les connaissances, les compétences, le savoir-faire sont nécessaires ; pour autant, ce n'est pas le plus important. Ce sont notre degré de présence et notre façon d'être qui vont permettre cette qualité primordiale de relation. Car nous ne nous centrons pas sur un problème à résoudre mais sur une personne en difficulté.

Accompagnement d'une personne en voie d'exclusion : Robert

La prise en charge de Robert est effectuée par un assistant de service social travaillant dans un service spécialisé dont une des missions est de *favoriser le développement des conditions nécessaires à la santé en faveur de personnes en situation de précarité*. L'accompagnement doit permettre de favoriser une réinsertion professionnelle, puis de travailler en relais avec d'autres partenaires sociaux lorsque les objectifs fixés auront été atteints.

Robert, 30 ans, sort de clinique spécialisée. Il est accablé de dettes. Une demande d'aide financière est déposée par une dame âgée qui l'a pris en affection et effectue toutes les démarches à sa place. « Il est dans un tel état qu'il n'est pas capable de venir vous voir ! », dit-elle. J'indique qu'il ne m'est pas possible de répondre à sa demande, car j'ai besoin de le rencontrer et de voir avec lui quels sont ses besoins. Il vient. Elle l'accompagne. Je demande à le voir seul.

Je rencontre quelqu'un de profondément meurtri qui ne sait que répéter « qu'il n'est plus rien, qu'il n'a plus rien... » Il me prévient qu'il a déjà fait de la prison et ne laisse entendre que ce qui peut être décourageant, et pour lui et pour moi. Il est seul, il n'a pas de famille. Ses relations avec son employeur sont conflictuelles, son propriétaire l'expulse, il a des dettes. Il boit. La clinique n'a rien changé... Que va-t-il se passer ?

La situation semble effectivement bien détériorée. Il ne peut plus rentrer chez lui, l'électricité lui a été supprimée. Une de mes premières préoccupations est de solliciter une aide financière, afin qu'il puisse retourner dans son appartement, puisque tel est son désir. Je lui propose en même temps d'essayer d'analyser avec lui ce qui s'est passé et comment il en est arrivé à cette situation difficile. Puis-je l'aider ? Veut-il prendre le temps de m'expliquer ?

J'apprends qu'il est originaire de Bretagne. Il n'a jamais su qui était son père. Sa mère est morte alors qu'il avait 5 ans et il a été confié à son oncle maternel. Mais il ne s'est jamais senti bien chez lui. Il a toujours eu l'impression d'être une « pièce rapportée ». On l'a « exploité », et on l'a orienté vers la plomberie, alors qu'il déteste cette activité. Il a fugué à 18 ans et, depuis, il semble chercher… chercher quoi ?

La situation est critique. Il est mal, désespéré ; cependant, il accepte ma proposition d'aide. Il ne manquera jamais un rendez-vous ; en revanche, il fera quelques irruptions dans mon bureau, sans y être attendu, parfois dans un état d'ébriété avancé. *Il sait que je suis là*, même si je ne suis pas toujours disponible, et sait que je lui donne alors une autre possibilité de rendez-vous.

Il a du mal à vivre. Je le lui dis. Nous rétablissons ses droits. Je m'inquiète de savoir s'il a mangé. Nous revoyons ensemble sa situation financière et la façon de l'assainir.

Un matin, il surgit. Il n'est pas rasé. Il n'a plus d'argent. Son propriétaire l'a mis dehors et il a couché dans une grange. Je lui offre un café. Il s'effondre en pleurs comme un petit garçon : « C'est fini pour moi. Vous voyez, je n'ai même plus de logement. Je suis un sans domicile fixe. Je ne suis bon à rien… *Laissez-moi devenir vagabond.* »

Immédiatement, je prends des contacts et m'engage à lui trouver un logement. Mais il faut qu'il m'aide… Je lui propose des rendez-vous : il revient me tenir au courant. Il est d'accord pour se faire héberger chez son amie, en attendant. Non sans mal, nous trouvons un logement ; un dossier FSI est constitué. Il manifeste son enthousiasme. Je lui manifeste le mien et m'intéresse à son installation. Il m'invite à aller prendre un café. Il reprend confiance, il va et vient toujours entre haut et bas, mais sa solitude lui pèse. Dans les moments de calme, nous essayons de faire des projets. Comment retrouver la capacité à travailler ? Que faire ? Il a toujours rêvé de devenir mécanicien ou menuisier. Pourquoi pas ? Nous parlons d'une possibilité d'aide à un reclassement professionnel. Il est d'accord.

C'est alors qu'il est victime d'un accident de la route. Son premier réflexe est d'avoir recours au service social. Il n'est que blessé légèrement, mais sa voiture est hors d'usage et il n'est assuré qu'au tiers. C'est une catastrophe pour lui. Nous l'entendons… S'ensuit une période durant laquelle, de nouveau, il boit plus que de raison, contracte à nouveau des dettes. Nous continuons malgré tout à nous voir, une fois par semaine, deux fois si nécessaire. Il arrive parfois avec un papier où sont griffonnés quelques mots. Quand il est trop désespéré, il ne peut plus me regarder.

Je lui dis ma difficulté de continuer à l'aider s'il persiste à ne rien faire. Comme il pleure toujours sur sa voiture perdue, je dédramatise la chose en lui faisant remarquer que l'essentiel est qu'il n'ait pas eu de traumatisme plus grave. Il éclate : « Mais vous ne comprenez rien ! Il aurait mieux valu que j'y reste. Ma voiture, *c'était le ventre de ma mère*. Quand j'étais mal, je partais n'importe où, à la campagne, je m'arrêtais dans un endroit qui me plaisait. Je m'enfermais et je mettais la radio à fond : c'est là que je me détendais. Après, je pouvais repartir. Maintenant, je n'ai plus rien… ! »

J'entends tout cela. C'est tellement dire l'indicible. C'est très fort, sorti du plus profond de lui-même. Je comprends et reconnais alors le caractère irremplaçable de sa voiture. Que faire pour pouvoir de nouveau accéder à ce qui est vital pour lui ? Je partage avec lui ce qu'il m'a fait ressentir, mais la réalité est là. Il est encore accablé de dettes, même si nous avons réussi à les étaler dans le temps. La solution passe par la possibilité de retrouver un emploi. Je lui propose de réfléchir à cela avec lui, et nous effectuons enfin la demande de reclassement professionnel. Il adhère à ce projet, s'y accroche, et, de nouveau, nous constatons un mieux-être, entrecoupé cependant de périodes de désespoir. Cette voiture lui manque…

Un jour, il me demande de faire une démarche auprès de la banque afin d'obtenir un crédit :
« Vous savez, maintenant, que vous pouvez me faire confiance !
– Oui, je sais que je peux vous faire confiance, mais vous savez, vous, que ce n'est pas encore réalisable.
– Vous voyez que tous les efforts que je fais ne servent à rien. Vous êtes comme tous les autres ! J'ai besoin de cette voiture ! »

Menaçant, il quitte mon bureau en claquant la porte. Peu après, il revient et s'excuse. Je sais combien tout cela est difficile pour lui, parce que je sais aussi tout ce que contient ce désir de voiture.

Notre relation va ainsi, faite d'espoirs et de désespoirs, de retours en arrière, mais aussi de pas en avant. Nous mesurons sa fragilité, son immaturité affective, et nous nous inquiétons pour son avenir, malgré toute sa bonne volonté.

Un jour, il dit : « Avec vous, *je suis en train de me décabosser*. Quand je sors de votre bureau, je me sens toujours mieux. » Cela me conforte dans ma démarche : il faut persévérer. Il a besoin de mon soutien.

Après un an de suivi, Robert a pu partir en stage, avec le projet de faire de la mécanique. Il n'a plus de dettes. Il est à présent confronté à de nouvelles expériences d'apprentissage de vie en collectivité. Je ne sais s'il a récupéré suffisamment de forces pour assumer cette situation nouvelle.

Qu'avons-nous tenté de faire ensemble ? Si la qualité de notre relation s'est avérée très bénéfique, je pense que ce sont bien *ma présence permanente et mon soutien inconditionnel* qui ont permis à Robert de se retrouver dans le désordre de ses détresses et de sa solitude, en lien avec des carences très précocement vécues.

Nous savons, en nous référant à Winnicott, que « le développement affectif intervient chez l'enfant si des conditions suffisamment bonnes lui sont offertes. À ce moment-là, les forces vers la vie, vers l'intégration de la personnalité, vers l'indépendance deviennent extrêmement puissantes. Par contre, lorsque ces conditions ne sont pas remplies, ces forces sont retenues et tendent à le détruire ».

Le drame de Robert est-il joué au moment du décès de sa mère, lorsqu'il s'est retrouvé « seul au monde » ?

Selon Yolande Tisseron *(Du deuil à la réparation)*, « la maladie du deuil est donc occasionnée par l'incorporation, dans le Moi du sujet, d'un parent cher perdu [...]. Celle-ci va ensuite gêner l'élaboration de la séparation et nécessiter la mise en place d'attitudes spécifiques. Les comportements qui pourront venir alléger le poids du fardeau qu'est l'incorporation d'un autre en soi seront tous les moyens dynamiques pour que s'ébauche entre l'objet perdu et le sujet en deuil une sorte de dialogue interne. Échange à huis clos venant signer que l'enterrement n'a pas eu lieu. Enfin, ces comportements seront plutôt axés dans la réalité externe du sujet, consistant en gestes, à visée réparatrice ou assistancielle, dans la mesure où sera ainsi retrouvé (et rendu plus proche) le moment de la scène de rupture, de décès, de séparation, de maladie où le sujet a connu la douleur de la séparation. »

La difficulté de Serge à vivre pourra-t-elle être un jour « canalisée » par une relation de type maternel, dans laquelle il serait soigné comme un petit enfant ? Tel a été vraisemblablement mon travail. J'ai essayé de « sentir », à chaque entrevue, quels étaient ses besoins, tout en maintenant une attitude de fermeté et d'autorité. Pour moi, il s'est agi constamment de me situer dans une attitude de « soins », m'inquiétant d'abord de son bien-être physique et de ses besoins primordiaux : manger, être logé, avoir l'électricité. En retour, j'avais des exigences envers lui. Je ne pouvais accepter qu'il risque de devenir « sans domicile fixe » dans la mesure où, depuis sa plus tendre enfance peut-être, se pose le problème de sa capacité à pouvoir garder un toit.

C'est la connaissance de son cheminement personnel qui m'a permis une si grande tolérance à son égard, induisant peut-être un début de reconstruction, aussi fragile soit-il. C'est l'écho reçu de ses souffrances « à lui » qui nous a permis d'avancer. Peut-on parler ici d'une expérience de transfert ? Ne fallait-il pas qu'il ait acquis suffisamment de confiance en moi pour pouvoir me parler, avec une telle rage, du vide laissé par sa mère et de son lieu « à lui » de ressourcement ?

Miss Irvine, enseignante de service social, explique bien, me semble-t-il, ce travail d'accompagnement lorsque, en parfait accord avec Winnicott, elle écrit : « Certains clients peuvent se servir de l'assistant social comme d'un appui, un peu comme un jeune enfant qui apprend à marcher utilise le doigt de l'adulte, non pour y peser de tout son poids, mais pour y trouver confiance et équilibre. »

Accompagnement d'une malade gravement atteinte : Michèle

Dans le cadre d'une institution répondant à la mission « Aménagement des conditions de vie des personnes malades, handicapées et/ou âgées en perte d'autonomie », l'assistant de service social a pu apporter son soutien dans un accompagnement au long cours, se préoccupant à la fois de la malade (Michèle) et de son entourage familial (sa mère).

Je fais la connaissance de Michèle après une intervention de sa mère. Celle-ci me rencontre lors d'une permanence et m'explique que sa fille, en arrêt maladie de longue durée, se sachant atteinte d'une affection évolutive très grave, est revenue vivre auprès d'elle. Mme P. a environ 60 ans ; elle est retraitée. Elle a élevé tous ses enfants. Elle est terriblement inquiète : Michèle, extrêmement fatiguée, ne veut plus voir personne, ne s'alimente plus. Son état est très alarmant ; elle va mourir.

Je demande si Michèle accepterait de me recevoir ; je propose qu'elle lui en parle, puis qu'elle me téléphone. Mme P. m'appelle : Michèle ne souhaite pas me recevoir.

Cependant, la description de l'état de santé de Michèle m'avait troublée, et je décide, malgré tout, d'aller chez elle. Pour cette démarche difficile, je me présente quelques fleurs à la main. Michèle m'accueille avec un pauvre sourire : elle est si fatiguée que je dois la soutenir jusqu'à une chaise. Je lui explique que sa maman m'a fait part de son inquiétude au sujet de sa santé et que, malgré sa réponse négative, je me suis permis de forcer sa porte. Veut-elle que nous parlions un moment ?

Nous reconnaissons ensemble qu'elle est épuisée. Elle affirme que désormais tout lui est égal : elle se sait très malade, et rien n'a plus d'importance. Elle ne sort plus de chez elle. Très rapidement, elle aborde ses préoccupations personnelles : « Je n'ai qu'un souhait, celui de retourner à M. pour voir Thierry ; mais je sais qu'il ne faut plus que je le voie... Pourtant, je l'ai toujours dans la tête. Si je le revois, maman ne le supportera pas. »

Elle m'explique longuement que les choses sont parfois difficiles avec sa mère : celle-ci est très gentille avec elle mais Michèle ne peut plus supporter sa compassion. Sa mère ne lui laisse rien faire, aussi Michèle a-t-elle conscience d'en rajouter pour qu'elle lui passe tous ses caprices. Elle regrette vivement d'être redevenue « la raison de vivre de sa mère », tout en reconnaissant la gravité de son état. Peu à peu, elle se détend. Je lui propose de la mettre en contact avec un service spécialisé. Elle paraît intéressée. Elle redit sa souffrance de n'avoir plus rien à elle, ses meubles étant entreposés dans la cave de la maison maternelle. Souhaiterait-elle retrouver un appartement ? « C'est mon rêve ! » Elle ajoute aussitôt : « Mais ma mère n'acceptera jamais. Elle ne vit que pour moi. »

Je lui propose de commencer peut-être à aborder cette question avec sa mère si elle pense que c'est possible et d'en reparler ensemble si elle le souhaite. Elle semble vraiment mieux lorsque je prends congé ; elle me regarde, une lueur active dans les yeux. Elle dit : « Ne me laissez pas tomber ! » J'en prends l'engagement et lui assure que je vais revenir la voir.

La réponse ne se fait pas attendre. Le lendemain, une lettre de la mère exprime sa colère au sujet de sa fille et elle me rend responsable de son avenir. Elle y fait également état de son grand désespoir. Je suis inquiète, puis, après réflexion, je me rends à leur domicile. Mme P. ouvre la porte. Son regard implore l'excuse. Michèle me salue dans une attitude extrêmement bienveillante.

J'indique alors que je viens les voir car nous nous devons, me semble-t-il, des explications et que je ne souhaite pas qu'il y ait de malentendus entre nous. Il est certainement bon que nous parlions toutes les trois.

Mme P. – Oui, bien sûr, je comprends. Mais c'est tellement dur.

Assistante sociale. – Qu'est-ce qui est tellement dur ?

Mme P. – Je ne veux pas que vous m'enleviez ma fille. Je fais tout pour elle. Je fais tout ce qu'elle veut. Je n'existe plus sans elle. Lorsqu'elle m'a parlé, j'ai pensé que j'étais une gêne, qu'il fallait que je parte.

Assistante sociale. – Votre fille vous a parlé de son souhait de prendre un appartement ?

Mme P. – Oui, et c'est comme si j'avais reçu un coup de couteau.

Assistante sociale. – Je comprends votre douleur, mais je crois que vous pouvez aussi comprendre son désir…

Mme P. – Mais non, je ne le comprends pas ! Une mère peut vivre avec sa fille. Tout est pour elle, ici, maintenant. Je fais tout ce qu'elle veut. Regardez. Au mur, partout, il y avait des photos de la famille, de mes petits-enfants. Elle ne pouvait plus les supporter : j'ai tout enlevé pour lui faire plaisir.

Assistante sociale. – Oui, et je crois aussi que votre fille vous a demandé quelque chose d'impossible. Elle sait qu'elle a avec vous des exigences terribles, et cela la gêne peut-être.

Mme P. – Mais j'étais convaincue que je devenais une gêne… Il ne me restait plus qu'à partir…

Michèle. – Mais, maman, mon projet c'est de m'installer ici. Si je voulais te fuir, c'est à M. que j'irais. Je suis sûre que si j'ai un appartement, je serais plus souvent chez toi que chez moi. Ici, tu es chez toi.

Pendant un long moment, nous reprenons tout cela, chacune exprime sa souffrance, tour à tour. Nous reconnaissons tout le bienfait qu'a pu ressentir Michèle à revenir chez sa mère. Nous insistons sur le fait qu'elle a toujours besoin d'elle, qu'elle lui est indispensable ; mais peut-être a-t-elle besoin de « sa petite bulle » à elle. Elle ajoute : « Maman, j'ai besoin de toi. »

Suit un long moment où chacune tente de « dire », de « faire passer », de « faire comprendre » avec beaucoup de pleurs, de douleurs authentiquement ressenties. Puis, lentement, un apaisement sensible se dégage. Michèle suggère : « Maman, j'ai réfléchi : cet après-midi, nous allons faire des courses ensemble. » Mme P. écarquille les yeux : « Cela va trop te fatiguer. Tu ne peux pas. » « Mais si, tu conduiras. Cela me ferait plaisir. » C'est, pour moi, le moment de les quitter. Je propose un rendez-vous au bureau à Mme P. et une nouvelle visite à Michèle. Après quoi, nous nous reverrons toutes les trois.

Mme P. vient au rendez-vous, et ce jour-là, nous ne parlons que d'elle et de son vécu. Je prends conscience d'un passé lourd et difficile. Elle nous parle de sa terrible douleur de mère confrontée à la perte d'un enfant en bas âge, plus tard à celle de sa mère avec qui elle vivait, puis de son divorce... Son histoire prend du sens. Cela m'ouvre des horizons quant à la reproduction et à l'angoisse générée par le vécu avec Michèle.

Peu à peu, au travers de multiples interventions, ma place s'est inscrite dans une relation des plus authentiques, tant avec Mme P. qu'avec Michèle. J'ai toujours essayé, me semble-t-il, de traduire les façons de voir de chacune, tout en *préservant la relation intime* qui lie Michèle à Mme P., celle-ci assurant par sa présence tous les soins nécessaires à sa fille, à la manière d'une jeune mère pour son bébé.

La maladie de Michèle évolue irrémédiablement vers la mort et elle le sait. Nous avons pu réaliser son désir d'avoir « son » appartement. Michèle est hospitalisée, très fatiguée et elle parle de son désir de mort. Elle est souvent très abattue, repliée sur elle-même, et passe son temps, avec sa mère, à organiser ses obsèques pour aller retrouver les anges qu'elle voit quelquefois danser autour d'elle comme s'ils l'attendaient. Son corps est douloureux. Elle ne peut plus marcher et, dans ces moments-là, son seul apaisement est que sa mère soit là et la caresse comme un bébé. En effet, Mme P. est à son chevet, nuit et jour, soignant sa fille d'une manière qui force l'admiration.

À l'occasion de mes visites, que Michèle réclame, nous parlons beaucoup. De sa mort, bien sûr, mais aussi du temps qu'il lui reste à vivre et de la façon dont il est important de le remplir. Elle pleure souvent. Nous essayons toujours de vivre ensemble son ressenti. Nous réintroduisons ses frères et sœurs, qui répondent à l'appel. Nous écoutons les besoins de Michèle afin de permettre leur satisfaction.

En apportant une cassette de musique douce, malgré le refus de Michèle de disposer de la radio ou de la télévision dans sa chambre, nous avons redécouvert le plaisir de la musique. Il m'a été bon d'apprendre que désormais mère et fille, pour s'endormir, se laissent bercer par la musique.

Il me semble que je représente le lien avec la vie qui permet à Michèle de continuer à vivre et qui l'empêche de se tourner irrémédiablement vers la mort. Il est extrêmement important de donner à son vécu actuel la meilleure qualité possible. Je lui rappelle souvent qu'elle avait imploré, dès notre premier entretien : « Ne me laissez pas tomber ! » et lui affirme qu'envers et contre tout je continuerai ce chemin si douloureux avec elle.

Chaque fois, de la même façon, en sortant de la chambre, je consacre un moment à Mme P., afin que, souvent épuisée, elle puisse être reconnue comme irremplaçable dans cet accompagnement, mais aussi afin qu'elle puisse exprimer ses peurs et ses angoisses au sujet du « départ de sa fille » et de « l'après ». Ce travail est très dur : tout en réclamant la mort, Michèle s'accroche à un éventuel désir de retour chez elle : elle tient donc à la vie. Et c'est avec tout cela qu'il faut l'accompagner. Mais n'est-ce pas aussi un perpétuel renvoi à soi, à la possibilité d'envisager sa propre mort ? Un tel accompagnement nous replace dans la philosophie de la vie et dans nos valeurs personnelles. En matière d'aide, il n'y a donc jamais de solution toute faite. Ce qui est fait doit *trouver un sens*, un sens social, grâce à notre *authenticité*, qui ne doit jamais manquer.

Qu'est-ce qui peut nous motiver pour aller au-devant du client ? Pourquoi faire une visite à domicile alors qu'elle n'est ni explicitement demandée ni souhaitée par la malade ?

L'assistante a entendu la réalité de la situation au-delà des mots. C'est la mère qui exprime la demande d'être soutenue dans sa douleur. Sa fille va mourir, elle ne sait que faire. Elle demande qu'on l'aide à assumer la mort de sa fille. L'assistante sociale s'autorise à aller voir Michèle. Pour que la visite soit recevable, pour qu'elle puisse devenir une visite de mise à la disposition ou l'amorce d'une relation d'aide, elle se présente au domicile avec des fleurs et elle est prête à accepter toute attitude de la malade. Elle doit entrer et rester, pour entendre. Au cours de l'entretien, elle évalue l'attitude défensive de la mère mais aussi de la fille dans sa fidélité à sa mère,

1. Rémy Puyuelo est psychanalyste. Il s'adressait au travailleurs sociaux au cours d'une journée de travail dans le cadre du CREAI-Midi-Pyrénées, le 19 juin 1980, sur le thème : « La mort dans les institutions ».

qui ne lui permet pas de s'autoriser à formuler une demande pour elle-même.

Pouvons-nous entendre le désir de vie qui subsiste jusqu'à la fin ? N'est-il pas difficile de l'entendre et d'y répondre de façon rationnelle ? Selon Rémy Puyuelo [1], « notre travail se situe au niveau des positions de vie qui nous permettent de sortir du problème de guérison, ce leurre qui, certes, nous permet de fonctionner bien souvent, mais en posant mal les problèmes existentiels. La guérison, toutes les guérisons amènent à la mort, après, mais ce qui [me] paraît important, c'est la capacité de vie du fonctionnement psychique, la capacité de fonctionner sur le plan mental qui permettra qu'un sens à la vie advienne et qu'on puisse aborder la problématique du bonheur. C'est pour cela qu'il est important d'inscrire quelqu'un dans un quotidien au niveau des "petits riens" ; ce sont les petits riens qui font la vie, c'est dans les gestes habituels (tendre un verre d'eau, réchauffer des mains) que l'on peut mettre en position de vie, en "place" ». Cela peut être, ici, entendre le désir de Michèle de trouver un appartement.

Comment répondre dans la continuité à la demande insistante de ne pas être abandonné ? « Ne me laissez pas tomber » prend ici tout son sens. Dans *Rencontre avec les mourants*, le docteur Kubler-Ross [2] dit qu'« à côté de l'espoir, ce que vous pouvez donner à vos malades, c'est l'assurance que vous ne les abandonnerez pas. La peur d'être abandonné joue un grand rôle, non seulement chez les gens âgés, mais aussi chez les mourants. C'est d'autant plus naturel que beaucoup d'entre eux sont en réalité complètement et terriblement abandonnés. [...] Si nous en sommes capables, nous avons la possibilité de renforcer leur espoir, et si nous pouvons les convaincre que nous ne les abandonnerons pas, ils se comporteront admirablement. Nous les aurons aidés à traverser les stades de choc et de dénégation, de colère, de rage et de dépression, jusqu'à celui de l'acceptation ».

Nous sommes confrontés à nous-mêmes lorsque nous abordons un tel travail : nous sommes bien conscients, selon la formule du docteur Kubler-Ross, que « l'enfant qui est en nous a peur d'évoquer la mort et cherche à fuir l'inconnu terrifiant, c'est une défense humaine normale ». L'entretien avec le mou-

---

2. Communications à un séminaire, en décembre 1971, du centre de gérontologie Ethel Percy Andrus, University of Southern California, Los Angeles, publiées au centre par Richard St Davis, 1972.

rant nous enseigne non seulement sur ce qu'on éprouve quand on va mourir, mais aussi sur la façon dont les gens s'adaptent à une telle crise. Ces malades sont d'excellents maîtres qui enseignent ce que l'on est et sur ce que l'on éprouve. Ils nous aident à prendre conscience de notre peur de la mort, et nous montrent comment la surmonter. C'est l'apport fondamental du malade mourant à tous ceux d'entre nous qui ont osé s'asseoir auprès de lui pour l'écouter.

La définition de la dépendance en service social est différente de l'élaboration analytique présentée par Winnicott. Le travail social est toujours dans la réalité de la personne. La relation entre l'assistant de service social et le client est fondée sur les préoccupations intimes du client. Elle aménage un espace commun, qui se trouve aussi dans la réalité du client (« La voiture, c'était le ventre de ma mère », dit Robert). Elle est donc progressivement intériorisée comme une expérience du vivre. Cet espace est essentiel pour que la relation prenne un sens.

C'est par cette expérience partagée que les mouvements du client peuvent aller vers des attentes de soins maternels. De l'extérieur, cela peut être perçu comme une dépendance. L'assistante de service social accepte ce mouvement transitoire parce qu'elle a appris que tout individu, pour grandir et se développer affectivement, doit pouvoir s'appuyer affectivement sur une relation fiable qui dure suffisamment longtemps.

Quand on s'engage dans une relation à long terme, il faut savoir que le « client » doit pouvoir compter sur la disponibilité de l'assistante de service social tout le temps nécessaire. Le partage élaboré dans cette relation, à partir du manque du client, devient un engagement de par le sens que lui ont donné et le client et l'assistante de service social. Cela ressemble à l'expérience du vivre.

Accompagnement spécifique d'une malade mentale : Brigitte

Le travail à long terme ci-dessous a été réalisé dans le cadre du service social des personnels d'une administration. Il a été rendu possible car l'assistante en service social a pu suivre les personnes en difficultés psychologiques dans le cadre d'une consultation d'aide médicale et psychologique. Ce travail avait pour objectif « d'engager une action préventive des inadaptations et d'orienter les clients vers un traitement avant que les troubles ne se structurent, d'une part. D'autre part, cette action présentait l'avantage d'orienter le plus tôt possible les sujets pris en charge *sur un poste de travail adapté*, évitant ainsi de trop longues périodes de congé maladie, toujours génératrices de troubles graves pour l'individu et pour le service public ». La consultation était assurée par un médecin psychiatre et par une assistante de service social à temps plein formée à « l'aide psycho-sociale individualisée ».

Le cas de Brigitte illustre la nécessité du travail à long terme. En effet, la durée du processus d'aide dépend du degré d'inadaptation chez le sujet malade, mais aussi de l'absence ou du dysfonctionnement de l'environnement familial et social. C'est pourquoi ces deux points seront particulièrement mis en évidence dans la description et l'analyse de la relation d'aide instaurée dans le suivi de Brigitte, « malade mentale psychotique » identifiée et soignée.

Je reçois Brigitte à la demande du chef du personnel de son établissement qui est dépassé par les problèmes que pose cette enseignante.

Brigitte a 36 ans, elle est célibataire. Elle semble très jeune ; elle est petite, menue. Elle est en train de croquer une pomme lorsque je vais l'accueillir dans la salle d'attente. Elle est institutrice. En provenance d'une autre académie, elle vient d'être nommée à T. à un poste de réadaptation où elle fait un travail de documentation. Elle a été victime d'un très grave accident de voiture, reconnu comme accident du travail. Elle n'a pas repris son poste. Elle a souffert d'un traumatisme crânien suivi de nombreux états dépressifs. Actuellement, elle est soignée par le psychiatre d'un département voisin où elle a fait plusieurs séjours en établissement psychiatrique. Elle a épuisé ses « congés longue durée », ses droits à la « disponibilité », et vient d'obtenir du ministère ce poste de réadaptation proche de la ville où demeure sa mère avec qui elle vit.

Brigitte nous a été adressée pour des problèmes financiers : elle n'a pas reçu *son salaire* depuis son installation à T. De plus, elle a besoin de *soins* ; or, elle ne sait pas quel organisme va la prendre en charge (énorme dossier à la Sécurité sociale en attente, litige avec sa caisse d'origine), et elle ne peut être payée car son administration n'a pas reçu son « arrêté de nomination ». Par ailleurs, elle est en *difficulté sur son poste de travail*. Très perturbée par le bruit, les allées et venues, elle se sent très fatiguée et exprime le souhait de travailler dans un bureau qui ne soit pas en contact avec le public.

La première rencontre est particulièrement difficile, Brigitte étant très agressive : elle revendique, accuse l'administration. Elle énumère ses difficultés matérielles inhérentes à sa situation de maladie, ses problèmes de santé identifiés, son poste de travail et sa difficulté à s'adapter, mais aussi la ville inconnue, l'organisation, le problème du logement. Elle est très angoissée. Je lui propose de la revoir et de l'aider.

Immédiatement, je fais les démarches nécessaires afin qu'elle obtienne dans les 48 heures une avance sur salaire. Je reconnais combien il doit être difficile de reprendre, après six ans d'arrêt, un nouveau travail dans un nouveau cadre et je comprends qu'elle puisse éprouver des difficultés d'adaptation. Ensuite, ma préoccupation est de permettre à Brigitte de se soigner rapidement, car il me semble peu probable qu'elle puisse assurer son travail sans être soutenue médicalement. Des démarches complexes sont effectuées afin que ses soins soient totalement pris en charge. Une semaine plus tard, Brigitte m'apporte une « pile » d'ordonnances non remboursées datant de la période où elle dépendait de l'académie de L. Je lui propose de contacter la Sécurité sociale de L. pour tenter de récupérer ces remboursements.

Brigitte est toujours très angoissée et exprime le désir de rencontrer un médecin car « elle ne se sent pas très bien », dit-elle. Elle a peur de rechuter et de ne plus pouvoir assumer son travail, alors qu'elle a eu beaucoup de mal à obtenir ce poste auquel elle tient beaucoup. Elle demande à rencontrer le médecin de notre service.

Un aménagement est accepté par la direction : Brigitte ne sera plus en contact avec le public. Cependant, elle est toujours insatisfaite. Elle campe dans une attitude de revendication « paranoïaque », accusant tout le monde de lui en vouloir, de la traiter de « vieille folle ». Elle en veut à sa belle-sœur, qu'elle accuse de la gifler. En fin d'entretien, le délire se précise : « Mon père me battait, mon frère me battait, maintenant c'est ma belle-sœur. Ils disent qu'il faut serrer la vis avec moi, que je mène la belle vie. » Brigitte ne suit pas le traitement du médecin psychiatre : « C'est trop cher, je ne suis pas remboursée. »

Un mois plus tard, elle obtient un rendez-vous avec le médecin du service. Elle déverse un énorme délire exprimé en termes plus ou moins châtiés : « On m'a vue rue S. faire la retape. Le commissaire de police de L. cherchait à me prostituer, il venait toutes les demi-heures, il frappait à ma porte la nuit pour la badigeonner de goudron, tirait des balles à blanc. Depuis, j'ai peur ! »

Les soins dont Brigitte a besoin nécessitent une hospitalisation que nous organisons avec son plein accord, en lui laissant le choix de la clinique et du médecin. L'hospitalisation se passe très mal, Brigitte est très agressive avec le personnel et demande à sortir de clinique. Le traitement ne l'a pas apaisée. Elle part après avoir signé une « décharge » exigée par le médecin. Son état se dégrade de plus en plus. Sa mère l'a quittée, son environnement professionnel ne la supporte plus. Une seconde hospitalisation lui est proposée dans une autre clinique. Brigitte choisit un nouveau médecin (elle idéalise le médecin psychiatre qui l'a soignée jusqu'ici ; aucun ne saura aussi bien la soigner). Elle restera deux mois en service fermé avec un traitement intensif, totalement coupée de sa famille qui ne donnera plus signe de vie.

Au terme de ce séjour, afin de préparer sa sortie, je prends contact avec son frère qui vient me voir à la permanence. Il relate en détail « la menace que sa sœur représente pour sa mère. Quand Brigitte est en crise, elle lui lance les assiettes à la figure. Sa mère a peur d'elle et refuse de la revoir, même en clinique ». Le frère accepte de revoir Brigitte, mais avec réticence et crainte.

Je vois Brigitte pendant son hospitalisation. Je fais la liaison entre elle, son frère, son milieu professionnel, sa propriétaire. J'essaie de préparer un « environnement favorable » pour sa sortie ; je la tiens informée de mes démarches auprès de l'administration (dossier d'invalidité temporaire), de la prise en charge des soins, mais aussi de mes difficultés avec sa famille, afin qu'elle connaisse la réalité et ne se nourrisse pas de faux espoirs.

La propriétaire de l'appartement, informée de son retour, participe à l'accueil : Brigitte trouve un mot chaleureux sur sa table et une rose dans un vase. Elle reprend son travail dans un bon climat d'acceptation. Le personnel de son service m'a souvent téléphoné lors de son hospitalisation pour avoir de ses nouvelles. Pour Brigitte, le lieu de travail est devenu important, elle s'y accroche, donne le maximum d'elle-même (régularité au niveau des horaires, travail soutenu).

Au début de l'été, Brigitte exprime une grande anxiété quant à l'organisation de ses congés annuels, notamment à cause du rejet de sa famille qui ne donne pas signe de vie. En accord avec son médecin, une prise en charge en maison de repos est effectuée afin qu'elle ne se retrouve pas « sans soutien » pendant les vacances ; les liens sont maintenus avec son médecin et moi.

À la rentrée scolaire, Brigitte reprend son travail dans de bonnes conditions physiques et morales. Elle suit régulièrement son traitement psychiatrique et voit le médecin qui confirme le diagnostic de « psychose délirante chronique ».

Brigitte souffre beaucoup du silence de sa famille et en particulier de sa mère auprès de laquelle elle vivait depuis son accident. Elle en parle souvent et avec beaucoup d'émotion. Sa mère ne l'a jamais aimée, mais c'est sa mère et elle ne peut pas comprendre son silence. J'ai toujours reconnu sa souffrance et son amour pour sa mère. Je « remplaçais » sa mère et elle s'attachait à moi. Mais elle savait que je n'étais pas sa mère. Elle m'a avoué que sa mère était « schizophrène » ; elle avait entendu le psychiatre le dire à son père. Elle pouvait alors entendre qu'elle avait une mère malade et que cette maladie l'empêchait d'avoir des relations affectives avec les autres. Elle y trouvait un peu d'apaisement et moins de culpabilité.

Malgré le traitement suivi avec beaucoup de régularité, Brigitte est très dépressive, mais elle ne délire plus. Elle est dans un état de détresse profonde face au rejet des membres de sa famille. Elle affirme avec force et conviction qu'elle se tuera si elle perd l'espoir de les revoir. Elle a souvent la tentation de se jeter dans le fleuve. Le médecin psychiatre affirme que le risque est réel.

Six mois plus tard, j'essaie de nouveau de prendre contact avec le frère de Brigitte. Dans sa chambre meublée, elle ne dispose pas de toutes ses affaires qui sont restées chez sa mère. Le frère promet de les lui apporter le samedi suivant et il précise l'heure. Je lui fournis tous les renseignements afin qu'il trouve facilement sa sœur. Brigitte extériorise une immense joie à l'idée de revoir son frère. De mon entretien avec lui, je garde une impression de rigidité, de froideur ; il me semble important que Brigitte ne fonde pas trop d'espoir sur cette rencontre. Pour son frère, tout contact avec sa sœur est inutile, elle se suicidera un jour ou l'autre. J'ai l'impression qu'il l'a « effacée » de sa vie, et qu'il ne ressent pas les choses comme nous, qu'il n'entend pas les sentiments exprimés, ou bien qu'il s'en protège hermétiquement. Le rendez-vous de samedi est « manqué ». Alors que Brigitte attend dans son studio, son frère dépose le paquet de vêtement sur le palier et part… sans la revoir.

Quelques jours après, le chef du personnel m'avertit que Brigitte ne s'est pas rendue à son travail. On vient de la trouver inanimée à son domicile. Elle est transportée en réanimation.

Cette *troisième hospitalisation* durera trois longs mois. Brigitte est très handicapée par une hémiplégie, ses jours sont mis en danger par une atteinte rénale. Elle a été trouvée dans le coma, quarante-huit heures après avoir ingéré une énorme quantité de médicaments.

Je revois très rapidement Brigitte en clinique. Elle exprime tout ce qu'elle a ressenti lors de sa tentative. Elle n'a pas pu supporter la fuite de son frère et le rejet qu'elle a signifié pour elle. Elle n'a pas pu assumer sa solitude, elle n'avait plus envie de vivre. Cependant, au cours de mes nombreuses visites, je sens Brigitte reprendre goût à la vie. Elle réclame sa robe de chambre, ses objets de toilette, se fait coiffer, demande des nouvelles de son frère. Est-il au courant de son hospitalisation ?

Brigitte recevra une seule visite de son frère, au cours de laquelle rien d'essentiel ne sera abordé. Il lui a cependant promis d'emmener son petit neveu la voir à sa sortie de clinique. Il n'a jamais été question de sa mère.

La sortie de clinique m'inquiète : quels peuvent être ses points de repère hormis son travail ? Que va donner le retour dans sa chambre meublée avec tout ce que cela représente pour elle ? La décision est prise par Brigitte, qui refuse de partir en maison de repos : cela ne résoudrait pas son problème et il lui faut reprendre rapidement son travail qu'elle craint de perdre.

Brigitte est restée trois mois en milieu fermé. Dans l'ascenseur de la clinique, déjà l'angoisse la reprend, elle dit combien le suicide l'attire, elle voudrait simplement « ne pas se manquer ». Tout la terrorise. En entrant dans son studio, tout évoque sa tentative : les médicaments sont restés épars sur sa table... Après un instant de silence pesant, je lui demande si elle veut bien me les donner. Brigitte accepte avec un faible sourire, comprenant tout le sens de ma demande.

Une lettre recommandée – en attente – l'inquiète fort. Elle n'a rien pour son repas du soir. Je lui offre donc de l'accompagner à la Poste et à l'épicerie. Son obsession du suicide revient constamment et je me demande comment la laisser *dans un tel état d'esprit*. Avant de la quitter, je lui offre une plante fleurie sur laquelle « bien des boutons restent à s'ouvrir ». Je lui précise que je lui téléphonerai le lendemain matin dès son arrivée au travail. Brigitte m'embrasse et m'assure qu'elle sera là. Elle sort de clinique le lundi soir, le mardi matin elle est à son poste. À 9 heures, au téléphone, elle m'annonce qu'elle est arrivée à l'heure, non sans difficultés, et qu'elle a arrosé la plante ; un bouton s'est ouvert. Il sera souvent question de cette plante lors de nos entretiens, elle signale chaque bouton qui s'ouvre et s'en occupe avec attention. Elle ne veut pas que la plante meure ; elle la transplantera dans le petit jardin de son immeuble, en fin de floraison.

Brigitte gardera pendant de longs mois des séquelles de son hémiplégie ; elle ne peut utiliser sa main droite. Les repas sont des moments difficiles pour elle, malgré l'obligeance de ses collègues. Elle demande à me rencontrer. Elle a besoin de points de repère. Une fois par semaine, je la reçois à mon bureau (avec l'autorisation de son chef de service). Mais, afin de respecter « ses scrupules » et son souhait de « ne pas manquer son travail », je finis par lui proposer de venir à midi et de déjeuner avec moi au restaurant administratif. Ce moyen de « communiquer » est plus aisé pour elle. Elle arrive à exprimer de nombreux souvenirs concernant son enfance, sa relation avec sa mère, son père, son frère, et les sentiments éprouvés. Je l'aide dans les gestes qu'elle ne peut pas exécuter, mais je lui laisse faire elle-même tout ce qui lui est accessible. Brigitte repart très réconfortée ; elle dit le plaisir éprouvé durant ces moments de tête-à-tête.

Très vite, elle me fait part de son désir d'habiter un studio plus confortable et plus gai où elle pourrait recevoir ses amis. La propriétaire lui en propose un, « malgré ce qui s'est passé », dit-elle. Je redis à Brigitte combien cette personne a été soucieuse de sa santé ; je lui raconte que c'est elle qui a préparé avec soin la valise lors de son hospitalisation.

L'aménagement du studio permet de nombreuses rencontres : pour le choix des meubles, pour la décoration ; Brigitte fait preuve d'un goût très sûr. Elle parle de la maison familiale qu'elle aimait tant, montre des photographies. C'est là qu'elle a vécu au retour du Maroc et c'est là que son père est mort. Elle a pu l'assister pendant ses derniers jours et il l'a « reconnue », alors que toute sa vie il l'avait dévalorisée, battue, mal aimée. Il est très important pour elle qu'elle ait été enfin reconnue par son père, et maintenant par moi et par ses collègues : « Vous voyez bien que je ne suis pas *mauvaise*, au service tout le monde est gentil avec moi. Et vous, vous me tenez par la main, comme une mère. »

Brigitte exprime le désir de changer de médecin : elle souhaite une autre communication. Elle supporte mal le « monologue avec le médecin psychiatre qui ne parle pas, ou si peu, ou qu'elle ne comprend pas ». « C'est du Ionesco, dit-elle. Il ne s'intéresse pas à ce que je lui dis : ma famille, ma prise de poids. » Elle peut donner les raisons de son départ et faire la démarche de consulter le médecin du service, en clientèle privée.

Un séjour en maison de repos, sans soutien psychologique, a été organisé pour les deux mois d'été. Brigitte en revient beaucoup plus dynamique ; elle a appris à nager. Elle est très satisfaite d'avoir « retrouvé son corps ». Elle a minci et éprouve une grande satisfaction à porter des robes seyantes, à être coquette.

Un an après, le bilan est positif. Brigitte continue à aménager son studio. Elle s'installe, prouvant l'importance qu'elle donne à son logement et faisant toujours référence à la maison de ses parents. Elle a établi des relations, reçoit chez elle des amis. Elle sait faire appel quand se pose pour elle un problème qui l'inquiète, mais sa dépendance à mon égard est bien moins importante. Elle exprime souvent sa « peur de grandir », dit qu'« elle n'est pas adulte ». Elle a besoin d'être rassurée car elle a peur de me perdre. Mais elle sait recréer l'environnement dont elle a besoin : dans son travail, un homme et une femme d'un certain âge jouent ce rôle, tout comme en maison de repos.

Elle s'investit toujours beaucoup dans son travail. Elle est très affectée par les conflits et m'en parle, tout en sachant que cela ravive le souvenir douloureux des conflits familiaux. Mais Brigitte ne déprime plus. Il lui arrive de « somatiser » et de s'accorder huit jours de congés. Elle apprécie la bienveillance du médecin, les visites de ses amis et le confort de « son chez-elle ». Elle n'a plus revu son frère, elle sait qu'il a divorcé et que sa mère reste en relation avec lui.

Ce qui suit est à entendre comme une série de réflexions, d'hypothèses, effectuées après coup et qui ne doivent pas abuser le lecteur ; la pratique quotidienne est faite en réalité de nombreuses hésitations et incertitudes.

Pourquoi avoir entrepris cette relation d'aide sur un long terme ? Comment cette malade a-t-elle pu être aidée à retrouver son identité et à se réinsérer dans la vie professionnelle ?

Le motif premier tient à la nature de la demande exprimée : la demande « regarde » le service social. Dès le premier contact, Brigitte a exprimé sa rupture avec sa famille et l'isolement qui en découle, ses difficultés d'adaptation à une vie nouvelle après six ans d'inactivité et le problème matériel prégnant, l'absence de salaire devenant une source d'angoisse préjudiciable à sa santé. N'ayant pas d'argent, elle ne se soigne pas. Elle est en outre privée de son médecin psychiatre qui consulte dans un département éloigné. Elle nous fait part également de son problème de logement : elle vit actuellement dans un studio exigu.

Rappelons que Brigitte est atteinte d'une psychose identifiée : elle a des difficultés dans sa relation avec la réalité. L'assistante de service social peut apporter une réponse.

Dans l'évolution de Brigitte, on peut repérer sa capacité à « faire confiance » au fur et à mesure qu'on répond à ses besoins fondamentaux. L'aider à vivre dans une réalité particulièrement lourde, lui « fournir » un « environnement valable », c'est le premier travail thérapeutique. Le savoir s'utilise ensuite : « Le malade psychotique a besoin d'une relation, pas d'une explication » (R. Reichmann).

Pour parler du suivi de Brigitte, nous faisons référence à l'apport de Winnicott et en particulier à son article sur « le travail social des cas individuels et la maladie mentale », ainsi qu'à *Jeu et réalité*. Winnicott donne à l'assistant de service social une place à part entière dans le soutien et l'aide aux personnes en grande difficulté. Pour lui, l'assistant de service social représente « le ministère de la Justice et des Affaires sociales ou l'intérêt véritable de la société pour ses enfants souffrant de privation [...]. On peut décrire [sa] fonction en termes d'environnement favorable, d'un encouragement des processus de maturation [...] [Son] travail neutralise largement les forces de désintégration existant chez les individus, dans les familles et dans certains groupes sociaux déterminés ».

Dans le cas de Brigitte, nous retiendrons plus particulièrement la notion d'« environnement suffisamment bon ». Pour Winnicott, nous l'avons vu, l'« environnement suffisamment bon » est fait de *holding*, de *handing*, d'« espace transitionnel » et de « continuité ». Selon Winnicott, « la psychose est étiologiquement liée à la faillite de l'environnement qui ne réussit pas à favoriser les processus de maturation au stade de la double dépendance. Il s'agit d'un échec par carence ». Le processus d'aide passe donc essentiellement par des « soins maternels », c'est-à-dire par « un environnement favorable », qui encourage des processus de maturation.

Pour Winnicott, le travailleur social est un thérapeute. Notre thérapie « ressemble à celle qui est toujours fournie par les parents pour corriger des faillites relatives des soins de l'environnement ». Pour Brigitte, *corriger les faillites*, c'est l'aider à aménager son domicile, c'est avoir fait avec elle toutes les démarches, mais en tant que transition vers l'indépendance. Elle a choisi ses meubles avec moi. À présent, elle complète elle-même son ameublement, termine la décoration de son studio, me montre ses achats pour solliciter mon approbation.

Cette démarche implique la nécessité de reconnaître les deux protagonistes. L'assistante sociale a des forces limitées, des besoins propres. *C'est une personne distincte ; pour être frustrante, elle ne devient pas méchante*. De même, il faut reconnaître que notre client existe ; s'il apporte quelque chose qui permet de travailler, c'est qu'il est à l'aise avec nous. La photographie de la maison de famille a permis à Brigitte de parler de la mort de son père.

Un certain type de relation a pu être établi avec Brigitte aux moments opportuns, notamment lorsque *le repas* est devenu une activité partagée : nous mangeons ensemble tandis que s'instaure une relation asymétrique où l'une raconte sa vie et l'autre écoute pour aider. *C'est ainsi que se crée « l'espace transitionnel »*, par l'attitude générale et des choses simples : prendre le client en considération, lui laisser le choix, la possibilité de mouvement (Brigitte choisit les lieux de rencontre : mon bureau, le restaurant de l'entreprise, son studio, et c'est elle qui décide du rythme des visites).

Clare Winnicott définit l'espace transitionnel comme « très différent du vide ». Beaucoup de clients se sentent dans un « désert », un espace vide. Si le client et l'assistante sociale représentent les deux extrémités, l'espace est alors créé et quelque chose peut advenir. Pour Clare Winnicott, c'est une manière différente de parler du transfert. Il doit y avoir *transfert* pour parler d'espace transitionnel. Dans la notion d'espace transitionnel, le sujet crée quelque chose qui existe dans le monde. Notre tâche est de lui donner la possibilité de trouver.

---

3. Mme Irvine, superviseur et enseignante de service social, université d'York.

Pour Brigitte, la mère réelle n'apparaît pas nettement. À ce jour, Brigitte ne l'a pas revue et n'a aucune nouvelle d'elle. On sait qu'elle rejette totalement Brigitte depuis longtemps. On se demande si elle a jamais été une mère assez bonne. On sait qu'elle cuisinait de bons plats… rien d'autre. Brigitte n'a jamais évoqué un autre « personnage maternel ». « Plus il a manqué de relations primaires positives, plus il y en a eu de négatives, plus la relation de transfert est dangereuse ; elle sera forcément négative [3]. » Il est donc important d'y substituer une *relation nouvelle* : être la mère « suffisamment bonne » qu'elle n'a pas connue jusqu'ici.

Pour Brigitte, il est important que je m'occupe d'elle autrement que la mère, que je réponde à ses besoins d'une façon chaleureuse, mais aussi que *je n'aie pas peur d'elle*, qu'elle ne risque pas d'être rejetée. Il faut combler le manque d'une mère suffisamment bonne, assez solide pour répondre à ses besoins, à ses exigences, à ses colères, sans crainte et sans agressivité. Pour l'instant, il ne s'agit pas encore de transfert. Dans cette relation, la malade ne remplit pas cet espace de l'image de sa mère (transfert), c'est vraiment l'image de l'assistante sociale ; elle crée une *relation nouvelle*. Comme une « mère suffisamment bonne », je guette les besoins de la cliente et j'y réponds, afin qu'elle y puise des forces : pour changer d'appartement, meubler elle-même son logement, acquérir de l'indépendance. En protégeant « l'espace transitionnel », ma relation avec Brigitte a été préservée. J'ai toujours attendu que Brigitte propose, qu'elle aborde les questions. Cela m'a permis de travailler, de développer quelque chose plutôt que d'en parler moi-même au risque que cela soit vécu comme une « intrusion ». Les éléments d'anamnèse ont pu ainsi être mis sur la table, lorsque Brigitte déjeunait avec moi, lorsqu'elle évoquait les « bons plats cuisinés par sa mère », ou qu'elle parlait longuement de « leur maison » en montrant des photographies de son enfance. Elle pouvait alors évoquer la mort de son père, avec tous les sentiments qui s'y rattachaient : son père l'a reconnue, elle lui ressemble, elle est une D. (nom de famille) ; comme son père elle est agressive, elle dit la vérité en face et ne se laisse pas faire.

Mes repas avec Brigitte présentent une similitude avec les « squiggles » de Winnicott. La traduction française de ce mot par « griffonnage » ou « gribouillis » n'est guère satisfaisante, car elle est synonyme d'obscurité, de confusion. Il s'agit, en fait, de quelques traits esquissés sur le papier tantôt par l'analyste, tantôt par l'enfant, et que chacun, à tour de rôle, s'efforce de compléter pour donner un sens. « À la faveur de ce processus, un échange se produit, un espace transitionnel se découpe » (Pingaud) ; « c'est un moyen d'entrer en contact avec l'enfant », dit Winnicott.

Il faut aussi donner des *limites* : celles de notre service et les nôtres, ne pas laisser la porte ouverte à toutes les demandes.

De la dépendance vers l'autonomie dans le cadre de l'accompagnement d'une malade psychotique

Les psychotiques n'ont pu construire un Moi suffisamment fort et intérioriser un modèle d'identification. Si Brigitte ne peut pas s'identifier à quelqu'un, elle ne peut construire son Moi. Les liens de dépendance permettent peut-être une identification afin de construire un Moi un peu plus fort. Ce ne sera jamais le Moi construit dans l'enfance. Pour contrer la non-différenciation, qui existe au départ de la vie, entre la mère et son nourrisson, il faut que l'expérience thérapeutique de dépendance soit positive ; il faut, dans la relation d'aide, quelqu'un qui soit suffisamment présent et capable de rester « soi » afin que l'autre puisse s'identifier. Ce travail ressemble à l'éducation que la mère donne à son enfant : celui-ci grandit et devient autonome. L'important est de pouvoir faire des choix. Si nous sommes des personnes capables de faire des choix, nos clients psychotiques pourront à leur tour faire des choix ; mais cela suppose une relation de dépendance qu'ils n'ont jamais connue et qui est totalement différente de la relation fusionnelle. Pour le psychotique, il y a une non-différenciation entre le Moi et la mère. L'expérience n'est bonne que si le psychotique peut *s'identifier* et non *fusionner*.

L'expérience de la relation de dépendance, vécue comme une régression, permet de revenir à la « croisée des chemins » et de repartir en empruntant une autre voie. Accepter la dépendance va permettre de construire un Moi au lieu d'un « faux self ».

L'assistante de service social doit permettre au client de s'éloigner d'elle après avoir accepté la dépendance. Cela ne fait que confirmer notre rôle dans l'expérience de la parentalité, la finalité étant d'aider l'enfant à grandir et à se séparer. Il s'agit donc de la restitution du processus naturel de la parentalité.

Les psychotiques ont du mal à acquérir une image intérieure, ils ont aussi plus de difficultés à se dégager de la dépendance. Cette dépendance est dans l'ordre de la vie. Nous sommes tous dépendants de nos parents ; nous nous identifions toujours à eux, soit en les imitant, soit en nous opposant à eux. Le désir du travailleur social est que son client retrouve son autonomie, qu'il progresse vers la maturité. Mais il s'agit d'un mode de prise en charge particulièrement lourd. Un grand soulagement est ressenti chaque fois que la dépendance se relâche, que l'environnement s'élargit, permettant une meilleure insertion dans le milieu familial, social ou professionnel. C'est le moment où Brigitte aménage dans son studio et reçoit des voisins ou des collègues.

À chaque étape, le travailleur social éprouve de la satisfaction, du plaisir et du soulagement. Observer l'évolution des patients de la dépendance vers l'autonomie ne peut le laisser indifférent. La dépendance ne peut être maintenue s'il désire la « guérison » de ses clients. Une dépendance prolongée et gratifiante le ramène à l'expérience de la mère omnipotente et le réduit aux gratifications inhérentes à la relation symbiotique. L'assistant de service social doit donc se dégager impérativement de cette dépendance. Dans le cas de Brigitte, cela s'est fait lentement, au travers de gestes qui unissent et qui font un lien. Le patient cherche ailleurs, dans son environnement, un appui non plus sur un mode symbiotique exclusif, mais dans l'optique d'une ouverture plus large sur la vie. L'assistante sociale a guidé son client, elle l'a suivi dans ses tentatives d'adaptation ; grâce à elle, il a trouvé des ancrages dans la réalité extérieure.

Cette relation de dépendance peut paraître inquiétante et il est important de réfléchir sur la signification des reproches qui nous sont adressés et d'essayer d'y répondre. En effet, il nous est souvent reproché de rendre nos clients dépendants. « Ils ne pourront plus vivre sans vous. » Cette relation de dépendance existe ; c'est un choix dans le processus d'aide. J'en ai montré la nécessité, compte tenu de la structure de la personnalité des malades psychotiques. La dépendance est une étape de leur guérison, comme la régression est une étape dans l'acquisition de l'autonomie. Dans ce type de relation de dépendance choisie, acceptée par l'assistante sociale, il est important que l'analyse du contre-transfert soit faite de façon constante. Il est nécessaire de contrôler qu'il ne s'agit pas d'un désir de domination ou d'un désir maternel narcissique, nostalgique.

On nous soupçonne également de chercher dans cette relation au client une satisfaction narcissique et de vouloir combler un besoin d'amour : « Vous avez besoin que vos clients vous adorent. » Mais il est sûr que l'on ne peut faire ce travail sans éprouver du plaisir ou d'ailleurs du désespoir. Il est heureux que les phases de désespoir et de gratification alternent et s'équilibrent, et qu'il existe un échange aussi profond. Nous sommes réellement heureux quand nos clients vont mieux, même si cela signifie que nous allons cesser de leur apporter autant notre soutien.

On nous reproche aussi de perdre du temps : « Vous traînez. Vous perdez votre temps. Ce sont des gens trop malades ! » Est-ce perdre son temps que d'aider un malade à se réinsérer dans la société, à retrouver des motivations, à vivre sa maladie, à assumer la rigueur du traitement nécessaire ? Outre la limitation des rechutes, il faut mettre en évidence l'intérêt, pour la société, du travail remarquable effectué par beaucoup de malades. Peut-on jamais mesurer le temps perdu quand il s'agit de la profondeur du destin humain ? Qu'est-ce qui est perdu ou gagné dans une expérience humaine ?

Chapitre 3

Notre positionnement face à l'institution

La relation d'aide, que nous venons de décrire, nous conduit à nous poser la question incontournable de notre positionnement. L'usager qui a pu être aidé relève d'une institution, d'un service qui a ses objectifs, ses missions, ses projets, définis par des textes. Le travailleur social ne peut l'ignorer puisqu'il travaille dans un service bien précis où d'autres travailleurs sociaux concourent, avec les techniques qui leur sont propres, au même objectif. Il peut aussi être salarié d'un service qui définit ses *objectifs. Dans le cadre d'un service spécialisé*, où il est confronté à la notion *d'aide* et de *contrôle*, nous serons conduits à évoquer sa relation à la loi.

La position paradoxale : Colette

Dans le cas de Colette, la problématique posée au travailleur social pourrait être définie comme une *position paradoxale* de l'assistant sociale face à l'institution et à ses objectifs. Comment, en effet, aider une ressortissante de l'Éducation nationale, présentant des difficultés multiples, personnelles et professionnelles, alors que le service employeur a pour objectif le bon fonctionnement de l'établissement, la rentabilité de l'atelier et la qualité de l'enseignement dispensé ?

Colette est professeur de couture ; elle est âgée de 40 ans et est célibataire. Elle est adressée au service social des personnels de l'Éducation nationale par son médecin psychiatre, afin d'organiser pour elle un séjour en maison de repos dans l'objectif « d'obtenir une coupure avec le milieu familial ». Colette est en conflit avec sa sœur (chez laquelle elle se réfugie) et a d'importantes difficultés avec son établissement professionnel où elle n'arrive pas à assumer ses fonctions.

Après une longue hospitalisation en clinique psychiatrique et un suivi médical rigoureux (le diagnostic est celui d'une psychose délirante chronique), Colette est incapable de retrouver son autonomie. Elle exprime beaucoup d'angoisse à l'idée du départ en maison de repos. Le séjour a été préparé avec Colette, sa famille et l'établissement de soins. Durant l'entretien, Colette est très tendue et silencieuse. « Je suis incapable, dit-elle. Je n'ai plus de mémoire ; ce sont les élèves qui m'apprennent certaines choses. Je ne sais plus rien. »

Colette revient me voir régulièrement jusqu'à la date des vacances scolaires. J'essaie de réduire son angoisse ; je l'aide à s'orienter, à se situer dans un monde nouveau, si différent du cadre rassurant de la clinique. On lui accorde par la suite un poste à mi-temps (avec l'autorisation de notre administration) dans un service administratif afin de l'aider à reprendre contact avec un milieu socioprofessionnel. Elle effectue des tâches de classement dans le service de documentation. Elle apprécie le contact humain procuré par la présence de ses collègues, mais se lasse vite de ce travail monotone. Elle n'est cependant pas apte à effectuer un autre type de travail. Elle passe par des hauts et des bas, des menaces de rechute déclenchées la plupart par des conflits dans sa famille où elle se sent « de trop ». Elle n'assume pas son autonomie, et pendant un certain temps, elle bénéficie d'un accueil en foyer.

En juin, se pose le problème du départ du foyer et de la reprise de son indépendance : vivre dans son appartement, faire ses courses, ses repas. Son anxiété est immense. Elle n'aime pas son appartement et se sent incapable de se débrouiller seule. Je parle souvent avec elle de ce problème. Colette sait qu'elle peut revenir au foyer si elle se sent isolée et fatiguée. Elle fait *seule* le pas et s'organise fort bien.

Je revois Colette en septembre (sur sa demande). Elle paraît se complaire dans une vie « végétative », se lève tard, fait ses courses, s'est remise à la lecture, se promène, écoute de la musique. Elle semble vivre dans « un cocon » et n'exprime pas le désir de travailler. Elle me demande si je vais la remettre en situation de « travail thérapeutique » dans le service administratif. Nous parlons ensemble de ce qu'elle ressentait en accomplissant ces tâches qui ne l'aidaient pas à reprendre ses outils de travail (elle a malgré tout réussi un stage Singer en mai). Colette montre une très grande angoisse dès que l'on parle de son métier : elle est incapable, elle ne sait plus rien, elle a peur, etc.

Je laisse mûrir la réflexion quelque temps ; puis je lui parle d'une autre forme de travail thérapeutique : aimerait-elle s'insérer dans un stage de recyclage organisé dans le cadre d'un établissement spécialisé pour certaines de ses collègues en vue de leur titularisation ? Je lui demande d'y réfléchir et d'en parler à son médecin. Ce dernier pense qu'on peut « tenter » l'expérience. Avec beaucoup d'appréhension, Colette accepte d'intégrer ce stage déjà en cours depuis plus d'un mois. Elle réussit son intégration : l'atmosphère est très chaleureuse. Petit à petit, elle accepte de se remettre aux « machines » (sa peur des machines est considérable). Dans les entretiens, elle exprime sa crainte, son hostilité même, à l'égard de l'évolution de la profession : « On forme des élèves, dit-elle, pour les adapter aux machines. » Le rythme accéléré de la vie moderne la rend très anxieuse. Elle se sent bien à la campagne, et revient plus tonique de ses week-ends.

Désormais, ses progrès sont réels ; elle « crée » en couture, mais elle a du mal à fixer son attention sur la partie théorique des cours. Elle a parfaitement conscience de tout le chemin à parcourir encore pour reprendre son poste, et elle se sent incapable d'y arriver. Je lui montre son évolution depuis sa sortie de clinique ; j'énumère maintes fois tout ce qu'*elle a fait* et *réussi*, et ce qu'elle en a ressenti. Colette dit qu'elle a besoin de nos entretiens : elle y « recharge ses accus ».

Elle peut reprendre son travail à mi-temps dans son CET. La directrice de l'établissement exprimait ses craintes quant à l'incapacité de Colette à suivre le rythme des machines en atelier et à assumer la responsabilité pédagogique d'une classe de CET avec des élèves particulièrement difficiles et peu motivés. Ses craintes sont reconnues et il est décidé d'organiser un mi-temps qui rendra compatibles les intérêts des élèves et ceux de Colette.

La réinsertion professionnelle s'effectue sans heurt. Le soutien est maintenu à la demande de l'intéressée et au rythme qu'elle souhaite : d'abord tous les quinze jours, puis tous les mois pendant six mois. Après, elle désire me rencontrer en dehors de mon bureau, manifestant le désir de renouer avec une de ses collègues (une relation commune) qu'elle a perdue de vue depuis des années. Je lui propose de nous retrouver dans un café ; elle accepte avec satisfaction. Ces rencontres, toujours à sa demande, sont très importantes : elles lui permettent de renouer avec d'autres collègues ou des relations connues avant sa longue maladie, mais aussi de créer de nouveaux liens. Elle reprend diverses activités culturelles et sportives et reconquiert une totale autonomie.

Depuis deux ans, Colette exerce un travail à temps complet ; elle mène une vie normale. Ses relations avec sa famille sont de bonne qualité. Il lui est cependant impossible de s'adapter au rythme des machines. Son travail est « aménagé », avec des cours théoriques et la responsabilité de l'atelier de vente où elle me rencontre, non plus comme assistante sociale mais comme cliente. Elle me demande de venir lorsqu'un vêtement lui paraît particulièrement réussi et seyant. Elle éprouve beaucoup de satisfaction à cet *échange*. Il s'agit là, semble-t-il, de l'aboutissement d'un long cheminement et de l'amorce d'un autre mode de relation beaucoup plus satisfaisant pour elle. Cela signifie qu'elle a retrouvé sa dignité, sa confiance en soi et que, être humain égal aux autres, elle peut entrer en relation avec l'autre de façon égalitaire.

Un épisode récent, relatif à la réinsertion professionnelle de Colette, pose bien la difficulté de la position paradoxale de l'assistante sociale entre son « client » et son « institution ». En mai, Colette me demande de venir la voir chez elle. Elle paraît très anxieuse au téléphone et ne me donne pas le motif de sa demande. À deux reprises, nous « nous sommes manquées », et elle est capable de voir la signification de ces « actes manqués ». Elle est très angoissée parce qu'elle pressent qu'elle va être inspectée ; cette perspective lui fait revivre une période très difficile de sa vie que je ne connaissais pas et qui l'avait conduite à sa « grave dépression » et à sa première hospitalisation. Huit ans auparavant, elle a été inspectée par la même personne et cela s'est très mal passé. Elle n'a jamais pu en parler avec personne, elle n'a pu se justifier… et voilà que maintenant tout recommence !

Je reconnais tous ces sentiments – échec, dévalorisation, peur –, mais je lui dis aussi qu'elle a dépassé tout cela et qu'elle a prouvé qu'elle est capable de réussir : son atelier de vente marche bien. Elle pense qu'on va lui reprocher son manque de « productivité » ; c'est un problème fondamental pour elle, car elle est hostile à la notion de « rendement » dans une optique pédagogique. Je reconnais son désir d'apporter une autre dimension à son enseignement, mais l'option prise dans les CET étant axée sur la fabrication industrielle et donc sur la productivité, je comprends qu'elle rencontre des difficultés.

Quelques jours plus tard, l'inspectrice m'informe que sur le plan pédagogique, l'inspection est désastreuse : « Aucune productivité, aucune discipline, tout est à reprendre. » Elle désire me rencontrer au sujet du devenir de Colette. A-t-elle droit à un congé maladie, à un poste de réadaptation à mi-temps, à la retraite ? Elle fait un constat négatif et n'envisage pas la possibilité de redonner une *responsabilité* pédagogique à cette enseignante. Je reconnais ses compétences à apprécier les difficultés pédagogiques de Colette et je comprends son inquiétude quant au devenir des classes qui lui sont confiées. Je peux alors lui faire entendre l'aspect positif de l'évolution de Colette : sa réinsertion sociale, son épanouissement, son autonomie ; et lui faire constater le chemin parcouru grâce à son environnement professionnel, notamment la directrice et ses collègues. Je lui fournis les renseignements administratifs qu'elle demande : Colette a épuisé ses droits à un congé de longue durée ; il n'existe pas de poste officiel de réadaptation, réadaptation qu'elle a d'ailleurs réussie ces dernières années dans le cadre du service avec la collaboration de la directrice et de ses collègues. La retraite me paraît une issue bien négative et bien difficile à accepter par Colette, et le mi-temps poserait de gros problèmes financiers ; elle perdrait la moitié de son salaire.

Très attentive, l'inspectrice demande un temps de réflexion. Puis elle me fixe un rendez-vous avec la directrice du CET. La rencontre intervient rapidement. Elle me laisse très inquiète quant au devenir de ma cliente, et très amère : à quoi a servi un tel investissement dans ce travail d'accompagnement lent et difficile ? Il m'a fallu dominer mes propres affects car, dans cet entretien, je représentais « l'accusé ». D'ailleurs, l'accusation est formulée de façon formelle, irrémédiable. Il n'est plus question de confier à nouveau des élèves à cette enseignante. Il faut le lui dire, car elle « plane » et n'a pas du tout conscience du problème ni des efforts faits par l'établissement pour la « repêcher ». Il me semble alors très important de valoriser l'aide et la collaboration de l'établissement ces dernières années, mais aussi d'apporter un autre éclairage sur les défenses de Colette, qui se protège beaucoup mais reste très lucide sur ses difficultés, et de mettre l'accent sur ses efforts pour sortir de sa maladie. Je rends la parole à la directrice et à l'inspectrice en ce qui concerne l'évaluation pédagogique, qui n'est pas de mon domaine. Je ne peux aborder ce sujet avec Colette, mais je me propose de la revoir pour parler avec elle du vécu de cette inspection et des perspectives qui l'attendent. L'inspectrice souhaite se mettre d'accord avec nous sur les termes de la rédaction de son inspection au recteur de l'académie afin de lui proposer un aménagement pour la rentrée ; Colette n'aurait plus la responsabilité pédagogique d'une classe. Je dis ne pas souhaiter assister à l'entretien avec Colette car elles posent un problème pédagogique, et par ailleurs, nous avons déjà longuement évoqué les éléments de compréhension concernant le long cheminement de cette enseignante.

Je me charge d'informer Colette de cet entretien, sans lui parler des propositions qui seront faites au recteur ; je dois la mettre face à la réalité des conclusions de l'inspection. Colette peut exprimer son angoisse et regarder ensuite objectivement les solutions possibles. Elle ne peut se résoudre à demander un demi-service, à cause de la réalité des difficultés matérielles et du vécu très dévalorisant d'un mi-temps. Je lui fais entendre qu'elle a en elle la capacité de s'épanouir dans d'autres activités et je sais qu'elle peut donner la priorité à la « qualité de sa vie ». Après le compte rendu d'inspection, elle exprime très vivement son désaccord avec les normes pédagogiques exigées actuellement dans les CET, et elle dit ses difficultés à assumer ce travail. Elle paraît soulagée à l'idée de ne plus avoir cette responsabilité et part en vacances plus détendue.

Huit jours après la rentrée, Colette me téléphone pour m'annoncer « la bonne nouvelle » : elle prend un plein-temps sans pédagogie ; elle s'occupe essentiellement de la préparation des travaux d'atelier et de la vente. Elle a pu dire à sa directrice son regret de ne plus avoir d'élèves... et il lui a été répondu qu'elle est « capable de combler ce vide ». Colette me demande de passer à l'atelier pour admirer les modèles.

Cette forme de travail m'a amenée à m'interroger sur certaines notions. L'efficacité, la rentabilité s'adressent au « faux self » si on le définit comme une carapace qui fonctionne bien, comme une sorte de masque. Le faux self est fait pour les autres, c'est un self social, une apparence. Il peut très bien fonctionner socialement et le vrai Moi rester caché. Il n'y a pas de service qui puisse se mettre à la disposition du « vrai self ». Le *vrai self*, le « soi-même » est reconnu dans la *relation d'aide* : c'est la continuité d'être de l'être humain. La place du service social est bien là. Le self, « le soi-même », est quelque chose de vécu, acquis par l'expérience « d'être vu » qui va se lier à quelque chose de soi-même. C'est ce que dit Winnicott : « Il faut que la mère s'adapte au rythme de l'enfant. Quand la mère ne s'adapte pas, c'est l'enfant qui s'adapte à la mère ; cela va lui donner le "manque du plaisir", de la spontanéité, il va construire une fausse personnalité : c'est l'installation du "faux self". » On voit bien ici ce rôle de l'assistante sociale : véhicule entre le moi profond et la *réalité* qui fait le « pont » qu'aurait dû faire la mère.

C'est un problème constant dans la vie normale : chacun de nous a besoin de trouver « la chose qui sert d'intermédiaire » pour aborder ce qui n'est pas tout à fait connu. Clare Winnicott dit : « En permettant aux personnes de se rapprocher par notre *intermédiaire*, l'assistante sociale devient un "catalyseur" et non un "analyste". Ce terme de catalyseur est employé en chimie pour désigner certaines substances qui, par leur seule présence, produisent des changements dans les réactions des autres *substances* tout en restant *inchangées elles-mêmes*. Il y a peut-être là matière à réflexion. »

Le fait qu'une assistante sociale, malgré un diagnostic péjoratif, refuse dès le départ la « condamnation » relève sûrement de ce que Melanie Klein appelait « la pulsion à sauver » inhérente à l'être humain, quoique probablement plus importante dans certaines professions comme la nôtre.

Dans le cas de Colette, il s'agissait de la reprise d'une partie négative de la réalité pour la restreindre et rendre la réalité plus positive, plus acceptable pour Colette. Mon rôle n'a pas été simplement celui « d'avocat de l'accusée », il a fallu le dépasser et devenir celle qui pouvait comprendre pleinement *la partie adverse*.

Ce suivi à long terme a permis l'enrichissement de l'évaluation à trois niveaux : le médecin, la famille, l'institution. Grâce à leur complémentarité, les limites et les capacités de Colette ont été mises en évidence, ainsi que la reconnaissance et les limites de chacune des trois instances. Mon rôle de synthèse a permis de tisser le lien entre celles-ci. Cela me paraît primordial quand il s'agit d'un malade psychotique. Placée dans ce *rôle d'intermédiaire*, j'ai pu réintroduire « ce contenu positif et de lien des autres » dans le discours de la malade, et vice versa, le contenu positif de la malade dans le discours des autres.

D'une façon générale, l'un des objectifs des services sociaux est la réinsertion professionnelle des personnes en difficultés. La notion de rentabilité, d'efficacité est toujours rappelée par l'institution. L'objectif de l'assistante sociale est cependant d'aider les malades à vivre d'une manière plus confortable, à s'épanouir au maximum de leurs possibilités. La fonction de l'assistante sociale nécessite la clarification des rôles et la connaissance des fonctionnements institutionnels. Cela devrait permettre d'affronter de façon plus sereine les antagonismes, les paradoxes qui font partie de notre intervention.

L'assistante sociale dans un service qui travaille par objectifs : Robert (suite)

Une institution qui définit les missions et les priorités du service social oriente les interventions de ce dernier au bénéfice des populations concernées. Le service social contribue à la mise en œuvre de la politique institutionnelle et concourt à la réalisation de ses objectifs. Les assistants sociaux doivent donc évaluer les besoins de façon rigoureuse, préciser les priorités dans les actions à mener et se positionner clairement par rapport aux divers partenaires, pour atteindre plus efficacement les buts fixés. Le service social individualisé a toujours mis l'accent (au-delà de la compréhension des situations et de l'aide à la personne) sur la notion de partenariat et sur la mise en place de relais le moment voulu.

Chaque situation sociale est complexe et présente de multiples aspects. Parfois, elle met en jeu plus d'une personne (Michèle et sa mère, Gisèle et son mari, Madame L. et son conjoint, etc.). Parfois, c'est toute la famille et sa dynamique qui sont concernées.

Confronté à une problématique complexe, souvent lourde, dans un contexte institutionnel et géographique particulier, l'assistant social doit connaître non seulement sa propre institution, ses missions, ses orientations, ses priorités d'action, ses offres... mais aussi ses limites (ainsi que les partenaires ayant des missions spécifiques et avec lesquels il devra travailler, pour utiliser les complémentarités).

Dans le cadre du service social ainsi défini, on peut mettre en évidence trois niveaux d'intervention :

1. Le travail individuel avec l'usager (cf. « Aspects particuliers de l'aide »).

Les cas de Robert et de Michèle illustrent la dimension relationnelle de l'aide individuelle dans le cadre des priorités énoncées par l'institution. Ici, pour Robert, il s'agit d'intervenir pour favoriser l'accès aux soins, le droit à la santé des personnes en situation de précarité et d'exclusion, la réinsertion professionnelle. Pour Michèle, il s'agit d'intervenir dans le cadre de la prévention et du traitement de la perte d'autonomie des personnes malades.

2. Le travail social en partenariat avec l'institution.

Il est nécessaire de bien connaître tous les éléments de ce partenariat pour en exploiter au mieux les potentialités :
– *les secrétaires* ont un rôle très important. Grâce à leur qualification, elles sont amenées à collaborer avec l'assistant social dans la fonction « d'accueil » (Gisèle). Elles sont susceptibles de constituer un relais entre l'assistant social et l'usager, de faire tomber les tensions dans l'attente d'un rendez-vous, d'indiquer les premières démarches à effectuer. La qualité de cette fonction est précieuse pour le service social ;
– *les services administratifs* doivent faciliter les liens avec les assistants de service social en contribuant à permettre l'accès aux droits ou en favorisant leur reconnaissance. Ils s'agit de complémentarité institutionnelle dans le but de lutter prioritairement contre l'exclusion sociale. Cependant, l'assistant de service social doit toujours apprécier la teneur des éléments portés à la connaissance des services administratifs, afin de préserver au maximum la confidentialité des informations qu'il a recueillies ;
– *les médecins* possèdent les compétences nécessaires pour prévenir et aller au-devant des personnes les plus fragiles.

L'action de chacun est complémentaire dans la différence ; chacun apporte des éléments d'évaluation de la situation de la personne pour une mise en synergie des moyens.

3. Le travail de partenariat avec l'environnement extérieur.

Il s'agit de mobiliser les ressources de l'environnement pour utiliser certains équipements, certains dispositifs mis en place par la législation (RMI, FSL, PSD [1]...). La situation des per-

1. RMI : revenu minimum d'insertion ; FSL : fonds social du logement ; PSD : prestation spécifique de dépendance.

sonnes aidées doit être traitée dans sa globalité et non de façon parcellaire. Pour cela, il est essentiel que le travail en réseau soit développé. À travers la relation duelle qu'établit l'assistant de service social, son intervention le conduit à soutenir la personne dans son contexte de vie. Il va ainsi établir des liens plus harmonieux avec l'entourage familial, professionnel, social… Sa vie sociale en sera enrichie dans son quartier, dans son travail. C'est ainsi que se développe, se maintient, voire se crée, le « lien social ».

De cette manière, à l'égard des bénéficiaires d'un service social spécialisé, l'assistant assume l'intervention nécessaire. Pour les problèmes ne relevant pas directement de sa mission, il recherche les partenaires susceptibles de pouvoir les résoudre et met l'usager en relation avec eux. Il est important que l'assistant de service social s'assure du résultat de cette orientation et reste éventuellement en état de « veille ».

* *
*

Il nous a paru intéressant de reprendre ici l'évolution de la situation de Robert, qui, ultérieurement, l'a conduit à une insertion professionnelle et à une plus grande autonomie.

À la suite du suivi à long terme, Robert a trouvé un travail salarié et a quitté le département. Un an plus tard, il revient dans le département d'origine en tant que travailleur salarié du régime général et s'adresse spontanément au service social qu'il connaît, qui est sa « référence ». « J'aimerais voir l'assistante sociale », dit-il à la secrétaire. Il sait qu'elle transmettra le message et accepte l'attente proposée. Le rôle de la secrétaire est important. Dans la continuité du suivi social, elle est un intermédiaire rassurant indispensable.

Robert cherche à présent un logement afin de pouvoir s'installer avec sa compagne. L'assistant de service social évalue la capacité de Robert d'avoir retrouvé du travail. L'octroi d'un logement est important pour sa qualité de vie. En effet, l'obtention de ce logement est capital afin que Robert ne soit pas de nouveau confronté à des difficultés majeures. Cette nouvelle demande de Robert est donc à prendre en compte, en prévention d'une rechute toujours possible… A-t-il retrouvé suffisamment de forces pour assumer ce passage ? Par ailleurs, sa santé est bien meilleure, sa compagne ayant imposé un cadre et exigeant des soins. L'assistant de service social peut constater que Robert lui fait confiance. Il a intériorisé la relation duelle qui lui avait été proposée auparavant et, dès lors, si elle reste son « référent », il est en mesure d'assumer seul ses démarches et d'aller vers d'autres travailleurs sociaux. C'est une conseillère en économie sociale et familiale qui l'aide à constituer le dossier FSL. Un partage d'informations entre l'assistant de service social et la conseillère peut favoriser une meilleure approche de la situation. L'accord de Robert est requis.

Rapidement, l'assistant de service social est à même d'effectuer une nouvelle évaluation : Robert sait utiliser les informations qui lui sont proposées. Il est gratifiant pour lui de mener ses démarches à terme, il tient encore à donner les informations en retour. Peu à peu, les relais sont pris... Il a la capacité de rencontrer d'autres personnes (employeur, CESF, services administratifs) et de se projeter positivement dans l'avenir. Peu à peu ses démarches s'espacent. Enfin, le constat est fait que le soutien du service social n'est plus nécessaire.

Dans de telles situations, un partenariat doit être nécessairement mis en place. Le traitement psychosocial nécessite en effet l'intervention simultanée de deux sinon de plusieurs travailleurs sociaux, chaque institution étant susceptible de pouvoir répondre en fonction de missions imparties et spécifiques : accès aux soins et protection de l'enfance, dépendance et services de soins à domicile, par exemple. Malgré tout, il est bon de rappeler que l'aide apportée par l'assistant de service social s'exerce toujours dans le respect du secret professionnel et des règles déontologiques garantissant le droit des personnes.

Tout au long de ce parcours, l'évolution de Robert a fait appel aux référents théoriques de Winnicott, notamment « le passage de la dépendance à l'indépendance dans le développement de l'individu ».

Le travail en équipe : Serge (suite)

Travailler en équipe pluridisciplinaire, c'est à la fois être membre d'une équipe, s'engager dans un *projet* de soins à l'enfant et *aider la famille* de l'enfant dans son cheminement. L'objectif de l'assistante social, c'est l'enfant : le soigner et aider ses parents. Elle témoigne de l'impact des soins sur les parents, mais aussi des préoccupations, de la souffrance, des difficultés quotidiennes, des limites de ceux-ci et de l'aide apportée. Elle tente de renforcer l'alliance thérapeutique avec les parents, d'être à leur écoute. En effet, l'enfant ne pourra se sentir autorisé à progresser que s'il perçoit l'adhésion de ses parents à ses soins. Les parents, confrontés au changement, se croient menacés dans leur position parentale. Il est capital de tenir compte de ces limites. Or, l'équipe désire avant tout que « ça change ». La position de l'assistante de service social est donc peu confortable, entre les exigences des éducateurs concernant les besoins de l'enfant, la pression de l'équipe et son propre positionnement professionnel et personnel, car elle ne s'identifie pas de la même manière à l'enfant.

De par sa formation, l'assistante sociale est l'interlocuteur privilégié des parents ; elle sait l'importance de la confiance, reconnaît la souffrance, apporte aide et soutien, afin que le parent puisse se reconnaître en tant que personne, qu'il se sente accepté dans sa problématique, valorisé dans ses capacités. Cette nécessaire attention demande un temps parfois long, dans un cheminement qui suit les aléas de la vie du parent concerné. Or, les besoins de l'enfant sont à prendre en compte dans l'immédiat, dans l'urgence, pour lui donner un meilleur avenir. Cette distorsion entre le possible, les limites et les besoins de l'enfant crée une pression.

Bien souvent, l'assistante sociale est seule dans ce suivi régulier ; elle rencontre le parent d'abord pour lui-même avant de voir en lui le parent de l'enfant à soigner. Elle désire prendre en compte les limites de sa situation. Sa position peut donc être ressentie en inadéquation avec les attentes des éducateurs qui témoignent, eux, de l'urgence des besoins de l'enfant. Impuissante à faire reconnaître son travail qui risque de n'être ni compris ni accepté, l'assistante sociale se retrouve peu à peu en situation de solitude au sein de l'équipe, livrée au doute quant à ses compétences et à son adaptation au projet sur l'enfant. Son vécu peut alors être celui du rejet. Cette position professionnelle inconfortable renvoie à une interrogation personnelle.

Quelles sont les identifications personnelles de l'assistante sociale qui la font se sentir isolée, vulnérable, identifiée aux adultes plutôt qu'aux enfants ? Nos souvenirs spontanés liés à la petite enfance évoquent des situations toujours en lien avec l'adulte [2]. Très jeunes, nous nous sommes beaucoup préoccu-

2. Cf. S. Capul sur les risques du métier : « Nous les petites filles. Motivations et risques du métier », journée de travail, I.R. Saint-Simon, Toulouse, 24 septembre 1988.

pées du monde des adultes. Écouter un adulte était plus important pour nous que de nous écouter, nous, enfants. Cela voudrait dire aussi que nous avons eu à nous débrouiller avec nos besoins infantiles et à grandir vite. Le souci de réparer ainsi l'adulte passe par le deuil de notre enfance, effectivement vécu par chacune d'entre nous. Abandon, perte, dépression d'un adulte nous ont obligées à une nécessaire communication, à *un lien*, un étayage avec cet adulte qu'il fallait soutenir pour qu'il reste le parent dont nous avions besoin.

À l'origine de notre motivation professionnelle, il y aurait sans doute une préoccupation maternelle, des soins à fournir à tout prix, pour que nous trouvions en nous-mêmes la justification de notre propre existence.

Aider aujourd'hui un adulte, c'est voir en lui l'enfant qu'il a été. Et comme nous connaissons les besoins de l'enfant, nous savons qu'il est capital d'être un soutien pour cet adulte, lui-même parent de l'enfant dont nous nous occupons.

Dans l'équipe, la position personnelle est réinterrogée. L'assistante sociale doit pouvoir prendre de la distance et des forces pour que sa souffrance ancienne ne soit pas réactivée par la demande de l'équipe. Le regard des éducateurs identifiés à l'enfant renvoie l'assistante sociale à son besoin infantile de réparer l'adulte, à son échec de ne pouvoir jamais être un enfant, de ne pouvoir vivre son enfance, à un deuil ou à une souffrance à dépasser. Dans la position professionnelle, la prise en compte de son moi infantile et de son idéal d'enfant est nécessaire pour accepter de laisser insatisfaisants des parents parce qu'ils ne pourront jamais être autres que ce qu'ils sont.

Il est donc fondamental de garder toujours à l'esprit que le désir des éducateurs est avant tout centré sur leur propre problématique d'enfant en quête de « parent idéal », et que celui de l'assistante sociale est centré d'abord sur l'adulte dont la place doit sans cesse être confortée.

Les familles que l'on rencontre dans les établissements pour enfants et leurs enfants eux-mêmes sont aux prises avec la même problématique : la pathologie des liens. Cette pathologie est mise en scène et portée dans l'équipe, reflet de ce qui se passe réellement entre les parents et leurs enfants. Ce travail complexe, qui consiste à « désembrouiller les œufs brouillés » (Winnicott), s'il est long, difficile, semé d'embûches, se révèle par ailleurs enrichissant, passionnant et toujours renouvelé. S. Capul concluait ainsi son intervention : « Je pense simplement que c'est d'écouter [...]. Que, s'il est intéressant et indispensable de se rencontrer pour se confronter, et se conforter dans ce que l'on a de commun, il pourrait être stérile à la longue d'en rester à des réflexions monoprofessionnelle et de s'y enfermer [...]. C'est souvent de façon inattendue, dans un échange avec quelqu'un de différent, que l'on va recevoir un éclairage nouveau sur soi-même et sa propre pratique. »

Là se situe la richesse du travail en équipe : ne pas rester dans une attitude d'opposition, mais favoriser les échanges, les ouvertures, en n'oubliant à aucun instant que *notre objectif* est commun, mais que nos techniques d'approches sont différentes.

C'est ce dont témoigne la situation de Serge (voir « L'aide à long terme »). Mon projet professionnel était d'accompagner les parents de Serge. J'étais convaincue qu'en les soutenant, en les aidant à se restaurer eux-mêmes, je pouvais contribuer à apporter une aide à leur enfant, même si le fait de s'impliquer dans un rapport humain condescendant, sans jugement, en continuant à croire envers et contre tout en leurs potentialités, semblait parfois relever de l'inconscience, étant donné la détérioration de leur état psychosocial. Tensions, conflits, identification, soutien de l'équipe ont jalonné cet accompagnement. En voici quelques exemples.

Serge était en permanence infesté de poux, quels que soient le nombre et la qualité des traitements prodigués par ses parents ou par les éducateurs. Les parasites se multipliaient, conséquence du manque d'hygiène général de la famille. Serge était sale, il sentait mauvais, remettant le matin les vêtements souillés de la veille. Les rééducateurs menaçaient de ne plus s'en occuper. Quand donc l'assistante sociale allait-elle faire comprendre et faire admettre aux parents qu'ils devaient laver et changer leur fils ?

Introduire les attentes de l'équipe impliquait le risque que, dans leur fragilité, les parents se referment : notre relation où la confiance commençait à apparaître risquait d'être mise en danger. Avant que Serge puisse recevoir chez lui les soins corporels nécessaires, il fallait que la *peur psychosociale* qui les habitait s'atténue, la propreté n'étant pas une priorité. Elle adviendrait, me semblait-il, comme la conséquence d'un mieux-être général. Et cela, de toute évidence, allait demander du temps ; ils commençaient à peine à aborder les problèmes de fond à l'origine du marasme dans lequel ils étaient engloutis : la difficulté pour le père de retrouver du travail, la crainte de la mère de se retrouver seule chez elle, entravant la recherche d'emploi de multiples façons ; par ailleurs depuis la naissance de son fils, il lui était difficile de s'occuper de lui car il réveillait en elle des traumatismes vécus dans sa propre histoire.

Les explications que je pouvais tenter ne résolvaient pas nos conflits d'équipe. Un fossé de *perceptions différentes* nous *séparait*. Chacun campait sur des positions qu'il jugeait légitimes, et cela tout au long de la prise en charge. *La peur* de la famille se heurtait à *l'impatience* des éducateurs. Parmi les sujets de tensions, il y avait les autorisations à obtenir de la famille pour que Serge participe aux sorties organisées par les éducateurs. Serge fut enfin autorisé. Ses progrès et ceux de sa famille conduisirent les éducateurs à envisager pour lui des sorties d'escalade. Il retira de nombreux bénéfices de ce sport, jusqu'au jour où les conditions matérielles de cette activité (mauvais temps, retours tardifs) réveillèrent l'angoisse des parents. De plus, ils se sentaient déconsidérés par l'éducatrice qui « forçait Serge dans ses peurs », mais surtout qui l'avait amené, une fois, sans leur accord. D'où leur refus opiniâtre de renouveler leur autorisation.

La mère sollicita mon aide pour formuler ce refus par écrit. Contrairement à mon habitude, je refusai, envahie soudain par le souvenir du refus de mes propres parents dans une situation analogue. L'identification à l'enfant victime d'alors et de ce jour guida mon attitude… Je l'écoutais : « L'éducatrice, elle est têtue, elle a déjà pris une fois Serge sans notre autorisation, et lui, il a peur de l'escalade, et nous aussi on a peur. » Elle rédigea son refus « pour raisons personnelles ». Serge ne participa plus à l'activité escalade.

Un soir, je rejoignis l'équipe, apeurée. Je venais de quitter la famille de Serge, il n'y avait rien à manger chez eux. On était à la veille d'un week-end, et je n'avais pu leur donner que quelques francs sur la demande de la mère. Non seulement l'équipe a entendu mon propre désarroi ce soir-là, mais elle s'est mobilisée pour constituer un colis alimentaire conséquent, leur permettant d'affronter largement le week-end. Le don de l'équipe permit aux parents de Serge de se sentir reconnus et dignes d'intérêt malgré leurs difficultés. Ce geste participa ainsi à leur « restauration ».

Les sentiments de solitude ou d'incompréhension vécus parfois dans l'équipe ont coexisté avec la richesse des positions, des échanges et de leurs effets. Confirmations, conflits, remises en cause restent des sources possibles de développement personnel et professionnel.

La relation d'aide et la loi : Virginie

L'assistante de service social est souvent « celle » que « l'on vient voir » lorsqu'on a un problème individuel, familial ou social. Elle est à la fois l'« organisatrice » du rétablissement des droits sociaux, à l'écoute des besoins et capable d'utiliser les dispositifs mis en place pour venir en aide aux personnes en difficulté. Elle est au cœur du vécu des personnes, de leur droit à être reconnues, de leur droit à l'existence sociale et citoyenne. Cette approche spécifique fait d'elle l'intermédiaire entre *individuel* et *familial, social* et *société.*

L'assistante de service social est toujours mandatée par un service qui lui confie une mission, une institution qui lui impose des devoirs mais qui lui reconnaît aussi des droits. De ce fait, à son sujet, le problème se pose du rapport à la loi par le contrôle que l'institution exerce sur elle. La loi au sens large du terme, « règle le comportement des hommes, établit les rapports que les individus doivent entretenir entre eux pour la jouissance d'une juste liberté dans le respect des personnes et des biens ». La loi édicte des interdits afin de protéger les membres d'une même société de comportements jugés dangereux pour leur bon développement et leur pérennité. Trois interdits fondamentaux sont le cannibalisme, le meurtre et l'inceste. Ils sont inscrits dans l'inconscient collectif, transmis par les parents et les institutions. Ils font partie de l'éducation familiale et sociale. L'enfant doit les intégrer pour devenir capable d'exercer ses droits et ses devoirs de citoyen.

Lorsque l'enfant se développe normalement et que son environnement l'entoure suffisamment, il franchit successivement des étapes, depuis le sentiment de toute-puissance jusqu'à l'intégration de l'ambivalence qui est l'entrée réussie dans la relation triangulaire. L'enfant peut alors s'identifier à son père et à sa mère, aux personnes de son entourage. Il intègre la différence des sexes et des générations. Il renonce à la chaleur de la relation avec ses parents et se tourne vers le monde extérieur. C'est l'âge des apprentissages ; il correspond globalement à l'entrée au cours préparatoire.

Les parents qui deviennent maltraitants ont des caractéristiques communes liées à un développement affectif défaillant. Ils sont peu repérés dans les générations, leur identité sexuelle est floue, le respect des interdits est mal acquis ou n'est pas acquis du tout. Ils sont souvent violents car leur capacité à supporter la frustration est faible. La plupart ont été eux-mêmes des enfants maltraités. Parler de la loi, formuler des interdits, c'est se heurter souvent à leur désir de toute-puissance sur l'enfant. La relation d'aide est donc difficile à instaurer car ils ont du mal à faire confiance et à accepter l'autre ressenti comme dangereux. « L'assistante de service social doit faire une réponse personnalisée comprenant à la fois une finalité commandée par l'éthique, un objectif assigné par le droit et l'institution, une technique fondée sur les connaissances et une expérience relationnelle » (Bouquet, Afirem, 1994).

Concernant l'enfance, deux lois sont importantes : la loi sur la PMI, ordonnance de 1945, et la loi sur la prévention de la maltraitance du 10 juillet 1989.

1. *L'ordonnance de 1945* concerne la protection maternelle et infantile.

Si l'on tient compte des statistiques de l'AFIREM sur les mauvais traitements, on peut constater que c'est au cours de la première année de la vie que l'on trouve la plus grande fréquence. Cette première année de la maternité est une année cruciale, car de vieux problèmes avec la mère peuvent se réactiver et devenir aigus. C'est aussi à cette période qu'il existe une certaine fluidité dans les relations et qu'il est possible, si l'on en a la compréhension, de favoriser des changements en apportant l'aide appropriée.

Il est parfois plus facile pour les parents de s'exprimer sur leurs sentiments et de se confier durant cette période. Un dialogue ouvert peut s'instaurer. Le partage, la reconnaissance de l'angoisse, la réassurance, en aidant la mère à observer ce qui se passe avec le nourrisson, la découverte et la reconnaissance des capacités de la mère peuvent aider au rétablissement de la situation et éviter des processus de répétition.

Il est indispensable de savoir reconnaître l'angoisse de la mère face aux besoins du nourrisson, d'autant plus s'il est insomniaque, vomisseur, hurleur, etc. Les demandes ainsi formulées par le bébé peuvent paralyser d'angoisse une mère, ou faire resurgir sa haine avec violence parce qu'il la désigne par son comportement comme incapable de s'occuper de lui.

Quand une mère se montre brutale avec son enfant, il est important à ce moment-là de s'intéresser à l'angoisse de la mère. C'est elle qui doit être écoutée et reconnue, avant qu'elle ne se sente submergée et ne devienne une mère dangereuse pour son bébé. C'est à cette période que la prévention prend toute son importance pour le devenir de l'enfant.

2. *La loi du 10 juillet 1989* concerne la prévention et la maltraitance. Elle fait obligation de signaler les mauvais traitements lorsque « l'état de santé, la sécurité, l'éducation, la moralité sont compromis ». Toute situation de maltraitance connue doit être signalée ; à défaut, elle peut faire l'objet de poursuites pour non-assistance à personne en danger.

L'enfance maltraitée fait écho aux racines profondes et toujours sensibles de chacun. Toute situation d'enfant en danger sollicite l'assistante de service social et l'interpelle ; une fois encore, la mission de protection qui est la sienne la confronte à son éthique professionnelle.

Les mauvais traitements précoces sont intégrés dans le développement affectif et fragilisent l'adulte devenu parent. Dans la maltraitance à enfant, il est important de comprendre que dans tout parent maltraitant il y a un enfant maltraité. L'assistante de service social ne s'adresse pas à l'enfant, elle s'adresse à l'adulte qui ne peut protéger son enfant de sa violence non intégrée mais agissante et qu'il doit contenir. La violence se répète souvent de génération en génération. Répétition et reproduction sont liées aux soins qui n'ont pu être fournis en temps voulu. Il ne suffit pas de faire cesser les mauvais traitements, il faut aussi donner des soins réparateurs à l'enfant maltraité. Tous les enfants maltraités ne deviennent pas des parents maltraitants, mais, à coup sûr, les parents maltraitants ont été des enfants maltraités.

La famille de Virginie

Virginie est âgée de 5 ans lorsque je rencontre sa famille pour la première fois. Son père, boulanger, a 38 ans ; sa mère reste au foyer, elle a 33 ans. Virginie a un frère aîné âgé de 8 ans.

Dans le cas de Virginie, ma mission est double : je suis mandatée à la fois par le juge pour enfants d'AEMO (assistance éducative en milieu ouvert) et le juge des tutelles aux prestations familiales. Le couple s'entend mal, se rejetant la responsabilité de leurs difficultés, surtout matérielles (des dettes de loyers, d'épicerie). Le père est accusé de boire ; il ne fait pas vivre normalement sa famille, ce qui entraîne une frustration quotidienne insupportable. La mère trouve une consolation et un allié auprès de Philippe, le fils aîné, qu'elle dresse contre le père ; ce dernier préfère Virginie et s'en occupe beaucoup.

Un accompagnement très régulier de la famille, avec l'appui de la *travailleuse familiale* du service, permet de restaurer suffisamment la situation pour demander une mainlevée de la mesure de tutelle. Les parents tiennent à garder la mesure d'AEMO, « au cas où... »

Lorsque les deux enfants arrivent en préadolescence, les parents sont dépassés. Ils manquent eux-mêmes de repères, ne savent plus comment répondre. Philippe est orienté en IMP à la suite d'une bagarre avec l'instituteur et d'une fugue. Rapidement, la mère demande que Virginie soit « placée comme son frère, qui va beaucoup mieux ». Avec la travailleuse familiale, nous ressentons la nécessité de cette orientation, sans pouvoir vraiment expliquer pourquoi. Je demande alors un bilan psychologique. Il dépeint un milieu très pauvre, frustré, un climat familial malsain, où « l'alcoolisme parental est porteur de germes incestueux ». Nous remettons alors en lien le mélange des rôles dans la famille, le couple père-fille contre le couple mère-fils, mais aussi le père qui nous met toutes deux mal à l'aise lorsqu'il ouvre la porte en slip, cherche le contact physique en nous serrant la main, quand il parle toujours de sous-vêtements alors que nous parlons vestiaire...

Le juge pour enfants convoque le couple, et attire l'attention du père sur le risque d'inceste, l'interdit de la loi, les peines d'emprisonnement encourues. Il prononce une mesure de garde à la DDASS en faveur de Virginie ; elle a alors 10 ans.

À cet instant, tout mon travail d'AEMO me semble compromis. J'appréhende le pire : le père va être furieux et nier l'ambiguïté de son affection pour sa fille ; la mère va utiliser tout cela pour dévaloriser son mari et se venger de toutes les insatisfactions dont elle le rend responsable (pauvreté affective et matérielle). Tout est cassé, la famille est éclatée... ; je me sens en partie responsable de ce fracas et j'en éprouve une grande culpabilité.

L'entretien avec le père

Je souhaite le rencontrer seul et dans mon bureau. J'aborde aussitôt sa façon de se comporter avec les femmes. Je lui rappelle des moments ambigus : le jour où il m'a reçue en slip, certaines de ses phrases, certains gestes... Pour lui, tout est mélangé, même en ce qui concerne sa fille. Il doit être protégé de cela, pour rester un bon père auprès de sa fille. Il souffre de l'éloignement de Virginie, mais cette séparation est incontournable. Si quelque chose de sexuel vient à se passer avec elle, il ira en prison. Mon rôle d'assistante sociale est à la fois de protéger Virginie et de l'aider, lui, à se protéger à son tour.

Il s'en va, sans un mot. Il me confiera par la suite être sorti abasourdi de cette entrevue : « Je ne savais plus où j'étais. » C'est justement le problème : où est-il ? Il faut l'aider à retrouver sa place.

Le cas du père de Virginie est le témoignage – je peux le dire aujourd'hui – que tout ce qui a été mis en œuvre pour l'aider à avoir une meilleure image de lui a aidé en retour sa fille et toute sa famille. L'accompagnement pendant le chômage, avec l'alcoolisation, les dettes, la mésentente conjugale, m'a fait découvrir un homme sans le moindre repère, qui avait besoin d'être reconnu. À chaque fois, le dialogue balisait la vie quotidienne (les dettes, le budget), et un planning du retour en famille de Virginie rigoureux et contraignant. Mais aussi, cela a nécessité de ma part des efforts que je n'avais pas soupçonnés. Le moindre fait divers de viol ou d'inceste dans la presse, une émission de télévision sur ce sujet conduisaient le père de Virginie à m'en parler. J'ai d'abord été gênée, puis agacée, car j'avais l'impression qu'il se délectait à raconter ces choses. Puis, peu à peu, j'ai pu devenir disponible pour affronter le terrain qu'il avait choisi, et lui demander : « Qu'est-ce que ça vous fait, ces histoires ? Vous y pensez souvent ? » J'ai ainsi pu corriger gentiment un lapsus : il avait prononcé le mot « père » pour « meurtrier »...

Virginie

Virginie ne sait pas pourquoi elle était placée, mais elle sait que pendant qu'elle est au foyer, je suis auprès de ses parents. À chacune de mes visites, nous parlons de ses parents, et elle sait que lorsque je leur rends visite, nous parlons d'elle. Nous avons fait ensemble plusieurs camps d'été sous la tente. Elle m'a demandé de l'aider à nager, car elle faisait un blocage. Me montrait-elle ainsi où était son problème ?

Un jour, elle m'interroge : pourquoi est-elle en foyer ? Elle a alors 12 ans et je viens lui parler de son père, lui dire qu'il a besoin d'être protégé pour ne pas transgresser l'interdit, celui de l'adulte, de faire vivre sa sexualité à l'enfant, et qu'il a besoin de devenir et de rester un bon père pour elle. Aujourd'hui, nous savons toutes les deux quelles furent sa colère de ne pas avoir un père, tout simplement, et sa révolte contre le foyer, protection nécessaire, mais si dure à vivre.

Pour voir ses parents plus souvent, Virginie demande à prendre le train et elle y est autorisée par ses parents : elle ne le prendra jamais. A-t-elle besoin de vérifier le lien avec ses parents, tout en restant à distance ?

Mon intervention auprès du foyer qui accueille le frère aîné sera lourde de sens pour Virginie, son père et toute la famille. Philippe est tombé amoureux d'une jeune fille également en garde. Le foyer interdit cette idylle et brandit la menace de renvoi. De mon point de vue, on ne peut interdire cet amour-là ; on peut seulement aider les jeunes gens à aménager leurs rencontres au foyer, et à vivre leur idylle au-dehors, le week-end. Le foyer réfléchit et revoit sa position. Les jeunes gens viennent spontanément me rendre visite à la permanence pour me dire leur plaisir d'être deux, leurs projets, parler de la contraception, du sida, de leurs parents...

J'ai pu parler, avec les parents de Philippe et de Virginie, de cet amour autorisé et reconnu, avec ses interdits. Ce sera un moment fort de mon intervention.

Mes réflexions

« Comment protéger un enfant en danger » ; « comment penser la protection » : ce fut le cheminement que m'a fait emprunter la famille de Virginie. Après avoir été confortée par une base solide de supervision, j'ai pu prendre une disponibilité suffisante pour aider le père de Virginie sur son propre terrain, dans son propre cheminement, pour ensuite baliser la voie et y placer des repères. Je naviguais de l'horreur à la bienveillance : l'horreur du désir impensable dont Virginie était l'objet ; la bienveillance qui m'a rendue capable de lui ménager une image paternelle. J'ai partagé avec elle des moments de vie qui me font croire qu'elle n'a pas grandi vraiment seule loin de sa famille, dans une institution. J'ai pu accueillir la révolte de Virginie car j'avais été moi-même révoltée ; j'ai connu le dégoût avant de pouvoir aider. Mais, beaucoup plus insidieusement, j'ai découvert mon propre déni face à l'impensable ; puis, le risque d'inceste s'estompant peu à peu, j'ai pensé qu'il ne se passerait rien. Et c'est d'organiser le planning des vacances en dernière minute qui m'a fait mesurer la force du déni. Ma propre expérience m'a permis de tenir bon face également au déni de l'équipe du foyer, qui se rassurait tant bien que mal : « Elle est assez grande pour se défendre maintenant. » De tenir bon aussi face à Virginie, qui savait, puis qui ne savait plus pourquoi elle était placée.

La supervision m'a permis avant tout d'élargir mon champ de perception et de connaissance. Telle que je l'ai vécue, elle m'a permis de regarder, de ne pas me cantonner aux seuls faits, de les rattacher à la personne, dans un travail d'individualisation. Cela nécessite de pouvoir se rendre sur le terrain de la personne écoutée (ce qui ne fut pas facile avec le père de Virginie), pour ensuite revenir sur son propre terrain, retrouver ses propres repères. La supervision permet de travailler cette souplesse d'aller et retour, du champ de l'autre au sien propre. C'est aussi se donner le droit au vécu, à l'émotion, se trouver emplie de dégoût face à un père incestueux, se sentir impuissante face au déni, confrontée à la crainte de se trouver obligée d'aborder des thèmes difficiles (le fait de mêler les enfants à la sexualité de leurs parents). Passer par des émotions permettra ensuite un travail plus libre auprès de la personne.

Comment se situer à l'égard de la maltraitance

De quels moyens disposons-nous pour aider les parents défaillants ? Une première difficulté est le rapport à la loi, à la fois pour l'assistante sociale et pour le client. Lorsqu'elle travaille dans un service d'aide à l'enfance, ou ayant convention avec la justice, l'assistante sociale doit être au clair avec le mandat judiciaire, ce qui implique qu'elle reconnaisse d'abord la loi pour elle si elle veut la faire accepter par le client, ensuite la déviance comme un acte répréhensible, enfin l'individu comme personne respectable, que ce soit le parent maltraitant ou l'enfant maltraité. Il est difficile de respecter les personnes déviantes, et les jugements portés sur le parent montrent combien tout ce qui touche à la maltraitance nous malmène aussi. Il est donc très important d'avoir réfléchi aux actes que l'on pose. Il est capital de protéger un enfant en danger ; mais il est également nécessaire de rechercher la confiance du parent maltraitant.

Lorsqu'elle n'est pas comprise par la famille et par l'enfant, la séparation est dommageable à l'enfant : ce dernier aime ses parents, il a besoin d'eux en tant que tels ; de leur côté, ils doivent pouvoir exercer leur rôle dans ce qu'il a de positif pour l'enfant. Si les troubles de la parentalité ne font pas d'eux des

« monstres », tous les parents ont des capacités pour être de bons parents. La recherche de leurs potentialités peut les faire exister pour eux-mêmes et pour l'enfant, dans ce qu'il est important de savoir préserver. Reconnaître que des liens forts lient les générations permet que s'édifie un continuum de base pour la réparation des parents et pour le bon développement affectif des enfants. « Les enfants peuvent bien se développer affectivement dans un ailleurs, si les moments passés avec leurs parents sont de bons moments » (Myriam David).

Parfois, la collaboration est impossible à établir, soit que les parents nient les mauvais traitements, soit qu'ils ne sont, avec l'assistante sociale, que dans le registre de la persécution. Elle doit alors évaluer quel espace peut être trouvé, comment diminuer le sentiment de culpabilité qui se cache derrière l'attitude persécutrice. De quoi le parent a-t-il peur d'être puni ? Dans ce cas, il est important de reconnaître à la fois la difficulté à faire confiance et les sentiments de méfiance, de faire admettre que l'on n'est ni tout-puissant ni complètement méchant, que la loi existe pour tous ; de repérer la dénégation et sur quoi elle repose : une dénégation « inconsciente » renvoie à un problème de personnalité (psychose par exemple), et ce clivage contraint l'assistante sociale à accepter la personne avec son déni. Dans la réalité, protéger l'enfant suppose d'accepter la dénégation comme quelque chose dont on ne peut faire l'économie, tout en montrant l'utilité de la séparation. Le déni ainsi proclamé incite les travailleurs sociaux à une grande prudence : lorsque les parents ne se sentent pas pris en compte, on peut assister à des passages à l'acte : menaces de suicides, de meurtre sur l'enfant ou sur l'assistante sociale... Ces situations délicates doivent faire l'objet de réflexions. D'où l'importance de travailler avec une équipe, de ne pas rester seule. L'enfant est bien souvent l'otage du parent : il ne peut ni le dénoncer ni s'opposer à lui. S'il en est séparé brutalement, il subira un traumatisme et devra être aidé pour lui-même. Il faut le libérer de la culpabilité liée à l'abandon du parent et à la perte de cette relation symbiotique pour qu'il puisse guérir de la maltraitance.

Lorsque le parent montre par exemple les coups donnés à l'enfant en les déniant : « Ce n'est pas moi, c'est lui qui se frappe », ou : « C'est à l'école qu'on l'a frappé », cela implique une grande souffrance pour l'enfant qui est nié dans son être. Le parent pervers entretient toujours l'espoir de récupérer son « souffre-douleur ». Il y parvient parfois, à la suite de l'essoufflement des assistantes sociales ou par manque de preuves ; le doute s'installe peu à peu : on s'est peut-être trompé sur la relation qu'entretient ce parent avec son enfant.

Il n'est jamais facile de travailler avec ce type de parents. C'est à évaluer « au cas par cas ». Cela implique de savoir que l'enfant ainsi élevé a besoin d'être aidé pour se guérir d'un parent pervers qui entretient en lui des sentiments d'impuissance, de soumission, de culpabilité.

Le déni des mauvais traitements peut être lié à la peur des représailles ; c'est aussi une angoisse, défense contre l'angoisse, les sentiments d'échec et d'impuissance.

Dans tous ces cas, il est important de pouvoir reconnaître à quel type de déni appartient celui du client et de l'enfant dans la situation de maltraitance, afin de ne pas entretenir le faux espoir de voir le déni cesser et permettre d'accéder à une relation plus claire. Le déni lié à la défense contre la peur des représailles, aux sentiments d'échec entretenu par le parent est peut-être celui qui va laisser un peu d'espace parce que l'assistante sociale peut faire un travail de reconnaissance de ce type d'affect, et que le parent, sans trop se sentir en échec, peut arriver à éprouver un certain espoir de trouver une aide.

Travailler avec le déni, c'est toujours faire avec, tout en continuant à mettre en place des protections qui ont inéluctablement à voir avec la séparation. La séparation doit se travailler dans des ailleurs possibles, des ailleurs recevables. Les ailleurs, c'est le plaisir à retrouver, de faire des choses pour soi.

Si l'on sépare, il faut trouver des lieux pour l'enfant et pour la mère ; le plus souvent c'est elle, quelquefois le père ou les deux. Ce n'est pas toujours évident, mais si l'on veut que la séparation soit profitable à l'enfant, si l'on veut qu'il puisse se développer, trouver des forces, il est aussi important que les parents reçoivent pour eux... C'est là que l'assistante sociale doit être inventive. Quand on se sépare, c'est parce qu'on espère que ce sera mieux en se séparant qu'en étant ensemble...

Une évaluation importante est de repérer si l'interdit a un sens pour le parent. S'il peut accepter et reconnaître que c'est « mal » de battre un enfant, mais qu'il ne peut pas s'en empêcher, c'est que la loi fonctionne. Il faut chercher à établir une relation de confiance. En règle générale, le parent reconnaît rapidement ses limites et demande à être protégé contre ses sentiments violents, ses attitudes impulsives, ses carences éducatives. L'Action éducative en milieu ouvert est l'indication la plus courante pour les situations de maltraitance dans lesquelles le parent a besoin d'une béquille pour continuer à être parent.

Une autre évaluation nécessaire est celle qui déterminera si le parent maltraitant est sensible ou non à la souffrance de l'enfant. Ce paramètre est capital pour savoir si le parent peut évoluer. Sa souffrance est sous-jacente ; les souvenirs d'une enfance malheureuse nous permettent de mieux comprendre qu'il soit devenu maltraitant. L'aide à son égard passe par une bonne compréhension de ses affects et par un soutien, afin que de tels sentiments puissent retrouver une place dans sa vie d'aujourd'hui.

Le soutien que peut apporter l'assistante sociale, lorsque les parents sont suffisamment au clair avec ce qui les a amenés à devenir des parents maltraitants, est de les aider, lorsque c'est possible, à faire une démarche vers une thérapie.

Les problèmes de maltraitance doivent être repérés du côté du parent et du côté de l'enfant. Il n'est pas suffisant de séparer pour que cesse la maltraitance. Toute la question de l'aide repose sur l'après.

La sidération face à la présomption ou aux mauvais traitements quels qu'ils soient est un signe que vraiment il se passe quelque chose de grave. Apparemment, on peut être sans affect, ne rien ressentir : c'est un signe.

S'identifier à l'enfant et ne pas prendre en compte l'ensemble de la situation (danger pour le devenir de l'enfant) ; la séparation n'est qu'un élément de la situation de maltraitance. L'identification aux parents est plus rare, mais tout aussi difficile pour aider.

Mme X., d'origine maghrébine, a été rejetée par ses parents et par son concubin dès les premiers mois de sa grossesse. Elle a alors quitté la France en laissant l'enfant aux grands-parents ; ces derniers n'ont pas l'autorité parentale. La mère, aujourd'hui mariée, vit dans un autre pays ; elle ne s'occupe pas de l'enfant et refuse à son père tout droit réel sur lui. L'enfant n'a pas de statut légal en France ; il souffre d'abandon, manque de repères, il n'est de nulle part. Lorsque cette jeune femme a été rejetée par les siens, elle a trouvé un grand soutien auprès du service social qui l'a fait entrer en maison maternelle, l'a aidée au mariage, etc.

Nous sommes donc dans le cas typique d'une identification à la mère. Rien, en effet, n'a été fait pour l'enfant qui, à

14 ans et demi aujourd'hui, est toujours à la charge du grand-père, lequel ne peut exercer la moindre autorité parentale.

Nous le voyons, il faut toujours évaluer la situation dans sa globalité. En ce qui concerne les parents, il faut observer, écouter ce que les parents expriment, mettre les faits, les événements en relation, repérer les affects des parents. Les parents sont-ils concernés, coupables, sensibles au respect de la loi, à la souffrance de leur enfant ? Ressentent-ils leur enfant comme une personne, comme un objet, une extension d'eux-mêmes ? Leur vécu est-il facilement accessible ? Font-ils des liens avec leur passé ? Ont-ils été maltraités ?

Ces points doivent être mis en relation avec les observations de l'enfant.

S'agissant de l'enfant petit, on prendra tout en compte. De 0 à 2 ans environ, pleure-t-il beaucoup ? A-t-il des insomnies, des diarrhées inexpliquées, un retard staturo-pondéral, un retard psychomoteur ? Vomit-il sans cesse ? Mange-t-il normalement ? L'anorexie ou la boulimie peuvent être des signes. Des infections chroniques peuvent être un symptôme. Des contusions, des hématomes ou les chutes à répétition de l'enfant peuvent signifier des troubles dans la relation mère-enfant.

Si l'enfant est plus grand, il faut se pencher sur sa scolarité : manque-t-il souvent ? Quelle est sa personnalité : est-il replié sur lui-même, trop sage ou trop agité ? A-t-il peur des autres ? Ses relations avec les autres se font-elles sur le mode agressif ? Est-il énurétique ? A-t-on observé chez lui des maladies infectieuses à répétition, des douleurs diverses, des blessures fréquentes, un retard du développement, un retard dans les acquisitions, le langage, la motricité ?

Cela n'est qu'une trame avec quelques signes qui peuvent s'observer sans trop de difficultés, et, en tout cas, que l'on peut rechercher et qui sont donnés sans que cela soit mal ressenti par les adultes qui entourent l'enfant. C'est l'ensemble des faits qui se relient les uns aux autres, entre l'observation et l'écoute des différents protagonistes, que l'on peut commencer à comprendre la complexité d'une situation de maltraitance.

Cette évaluation ne doit pas être du seul fait de l'assistante sociale et devrait pouvoir être partagée en équipe avec d'autres partenaires ou collaborateurs pouvant avoir à s'impliquer dans une situation de protection de l'enfance.

L'attitude qui paraît importante à trouver est la qualité de l'écoute, mais aussi le respect des personnes. Tout ce qui touche à l'enfance à protéger et à la relation parent-enfant peut être objet de signalement.

Sachant que l'assistante sociale a une fonction de protection et non de jugement, qu'elle doit aussi respecter la vie privée des personnes, qu'elle doit travailler dans un cadre qui implique les lois de protection de l'enfance.

L'assistante sociale doit encore :

– savoir manier l'autorité sans autoritarisme ;
– ne jamais oublier que l'amour et la haine coexistent constamment. Il lui faut donc être au clair avec sa propre haine pour pouvoir l'utiliser positivement comme appartenant normalement à la vie, sans mettre pour autant la personne en danger ;
– marquer les limites, sans haine mais avec fermeté ;
– respecter la loi pour soi ;
– contenir la personne, savoir la protéger d'elle-même, en faisant appel si nécessaire à l'administration, au juge, lorsque les limites risquent d'être dépassées ;
– reconnaître et évaluer les limites du mandat lorsque les personnes ont suffisamment mûri pour pouvoir évoluer seules.

Chapitre 4

La déontologie en service social

Il s'avère nécessaire de s'arrêter sur l'aspect déontologique de notre travail d'aide auprès des clients rencontrés dans nos institutions respectives. En effet, la déontologie en service social a sa propre histoire, énoncée sous forme de code.

Historique

Le Code de déontologie a été élaboré par l'ANAS, en 1949. Remanié une première fois, il a été adopté à l'essai pour un an à l'assemblée générale de l'ANAS à Marseille en 1950. En 1989, un second remaniement a été approuvé par l'assemblée nationale de service social. Depuis cette date, il n'a pas subi de transformations : le Code de déontologie est la référence de tous les assistants de service social en matière de règle professionnelle :
– au niveau des clients de service social (l'assistant de service social est reconnu par le Code de déontologie comme un « confident nécessaire ») ;
– dans l'exercice de sa profession, il dispose de la liberté et de la responsabilité, du choix, de l'application des techniques concernant la relation professionnelle avec les personnes ;
– l'assistant de service social est responsable et libre de témoigner en justice pour tout ce dont il a eu, ou a pu avoir connaissance du fait de l'exercice de sa profession.

Le Code de déontologie est complété par les articles 226.13 du Nouveau Code pénal qui donne des précisions sur le secret professionnel et les dispositions prévues par la loi pour délier l'assistant de service social du secret professionnel. Les articles 225 et suivants du Code de la famille étendent la notion de secret professionnel aux étudiants des écoles se préparant à l'exercice de la profession.

Il n'est pas dans notre intention de livrer la totalité des articles qui sont au nombre de vingt-huit pour le Code de déontologie, pas plus que d'énoncer les textes de loi concernant le secret professionnel. Cependant, nous souhaitons mettre en exergue ce qui concerne le respect de la vie privée, le respect de la religion et des croyances, le respect de la culture d'origine et des coutumes qui s'y rattachent, et le respect de la personne dans son statut de citoyen.

Notre profession est fondée sur le respect de la personne, de la confidence reçue, dans le cadre d'une relation professionnelle d'aide. Faillir à cette règle est susceptible de poursuites par la justice (article 27 du Code pénal). Cette règle fondamentale reste présente dans notre réflexion en ce qui concerne la question du partage des informations, du secret professionnel.

Nous développerons ici les aspects particuliers de la déontologie dans le cadre de l'enfance en danger, dans nos rapports avec l'administration et le travail en équipe pluridisciplinaire.

Le secret professionnel dans le cadre de l'enfance en danger

Nous l'avons déjà abordé dans le chapitre III (la relation d'aide et la loi). Un aspect complémentaire sera développé.

Les rapports sociaux à l'intention des magistrats contiennent souvent des faits évaluatifs qui touchent à la vie privée des personnes. Les dossiers sont préservés au greffe du juge des enfants ; ils ne peuvent qu'être consultés sur place par des personnes appartenant aux services de justice ou mandatées par ces derniers. Il arrive que des éléments de ces dossiers soient copiés ou photocopiés pour étayer l'accusation ou la défense lors de procès autres que ceux concernant « l'enfance en danger ». La divulgation de faits privés n'est alors pas de la responsabilité directe de l'assistante sociale. Cependant, ces faits connus et exposés peuvent aller à l'encontre des objectifs poursuivis : la confiance des familles et le respect de la vie privée.

Le secret professionnel et l'administration

Quel partage possible ? Les articles 22, 23, 24, 25 du Code de déontologie des assistants de service social stipulent leurs obligations envers les organismes employeurs. L'article 24 précise : « L'assistant social rend compte régulièrement de son activité aux responsables de son organisme employeur. Il le fait dans la forme la mieux adaptée au contexte dans lequel il s'insère et dans les limites compatibles avec le secret professionnel. » L'article 25 indique : « Il entre dans la mission de l'assistant de service social d'apporter aux responsables de son organisme employeur les éléments susceptibles d'éclairer leurs décisions concernant les usagers. Dans le même esprit, l'assistant de service social attirera leur attention sur les conséquences de leur politique sociale. »

C'est à la lumière de ces deux articles que peut se faire la lecture à la fois de l'aide apportée à Mme Benoît, et du positionnement de l'assistant de service social dans le cadre du partage possible du secret professionnel avec l'administration.

Mme Benoît est une jeune femme de 35 ans, mère de quatre enfants en bas âge [5, 4, 3 et 1 an(s)]. Elle est agent d'entretien dans une administration ; son conjoint exerce le même métier.

Mme Benoît se rend à la permanence de l'assistante sociale du personnel de son administration avec plusieurs demandes, difficiles à clarifier. Le contact n'est pas aisé, l'agressivité est importante. Les problèmes sont exprimés dans la plus grande confusion. Le ménage est accablé de dettes (crédits, électricité...) et de problèmes de santé : le travail de Mme Benoît a provoqué une dermatose aux mains qui l'handicape dans sa vie professionnelle et personnelle : elle revendique le droit à la reconnaissance de « maladie professionnelle ». Durant cet entretien, il est impossible de dépasser la revendication ; une seule piste de travail peut être entendue : une information précise lui est donnée sur les conditions d'ouverture des droits à la maladie professionnelle, et je lui propose de revoir avec elle, dossiers en main, le problème urgent des dettes. Mme Benoît accepte un autre rendez-vous ; mais ne s'y rend pas. Elle ne donne pas davantage suite à d'autres propositions de rencontres avec le service social. Peu de temps après, l'administration signale un absentéisme sans justificatifs et me demande d'aider cette jeune femme à régulariser sa situation administrative.

Après bien des difficultés, j'arrive à rencontrer Mme Benoît. La revendication et l'agressivité sont toujours présentes. Elle a envoyé les certificats médicaux, dit-elle. Elle ne comprend pas la raison de cette demande et ne pourra, selon elle, en obtenir de nouveaux. Elle accepte cependant, avec beaucoup de résistance, de me communiquer les coordonnées de son médecin. Je lui propose une nouvelle fois de l'aider pour la dette auprès d'EDF. Le contact avec son médecin psychiatre livre des éléments d'évaluation qui m'éclairent sur les difficultés que je rencontre pour entrer en relation avec elle et sur les problèmes qu'elle pose à l'administration. Elle a fait une tentative de suicide. Elle souffre d'une pathologie lourde qui nécessite des soins qu'elle a, jusqu'à présent, toujours refusés. Le médecin accepte d'établir d'autres certificats médicaux, car Mme Benoît n'a pas dû transmettre les premiers à l'administration. À ma question sur les risques encourus par les enfants, le médecin fait part de ses inquiétudes et pense qu'il faut rester très vigilant.

Notre aide reste très limitée : une intervention auprès d'EDF permet la poursuite de l'alimentation en électricité ; la régularisation du dossier administratif lui assure la continuité de son salaire ; une évaluation de l'aide possible de l'environnement familial apporte une première réponse à notre préoccupation concernant la sécurité des enfants.

Un mois plus tard, je suis convoquée par le chef du personnel. Le verdict tombe, sans appel : Mme Benoît est encore absente, sans motif justifié ; elle est donc considérée comme « agent en abandon de poste ». Les conséquences sont très lourdes : arrêt immédiat du salaire et radiation de la fonction publique.

C'est là que se pose de façon cruciale la question du partage des informations. Comment l'assistante sociale va-t-elle se positionner face à son propre employeur ? Il me faut absolument maîtriser les sentiments qui m'envahissent : l'inquiétude et la colère à l'égard de l'administration mais aussi de cette employée qui se met dans une position de rejet, d'autant plus que je connais les problèmes inhérents à sa pathologie. En prenant de la distance, je peux reconnaître le droit de l'administration d'appliquer le statut de la fonction publique concernant les absences réitérées sans justification. Il devient alors possible d'entendre la lassitude des responsables administratifs confrontés à des difficultés constantes d'organisation du travail, en raison des absences fréquentes et prolongées de Mme Benoît.

C'est dans un second temps que je suis capable d'aborder ma préoccupation en tant qu'assistante sociale. Cette jeune femme est réellement malade ; elle ne mesure pas les conséquences de ses actes. Elle est incapable de reprendre son travail ; son état nécessite des soins. Je peux faire part au chef du personnel de mon inquiétude au sujet des quatre enfants qui vont être victimes de la situation, la suppression du salaire privant la famille de toute ressource. Le devenir des petits me préoccupe, compte tenu de l'état de santé de leur mère. Une ouverture de droits à un congé de longue durée me paraît la solution ; Mme Benoît peut y prétendre, et cette proposition est acceptable. Dans le même temps, j'assure à mon administration qu'un suivi du service social peut se mettre en place compte tenu d'une situation familiale très dégradée. Le maintien du salaire permettrait d'apurer les dettes de la famille. L'administration peut revenir sur sa décision, en prenant en compte la totalité des éléments de cette situation difficile.

Il m'a paru important de faire partager mon inquiétude, d'élargir la compréhension du problème posé par l'employeur à une dimension globale de la famille. Cela a permis d'envisager un début de solution. Mme Benoît est certes une employée de l'administration, mais c'est aussi une mère de famille confrontée à de multiples problèmes. Le secret professionnel, dans ce cas, relève du médical : le diagnostic est communiqué par le médecin à l'assistante sociale. À aucun moment, il n'est divulgué, pas plus que ne l'a été la notion de danger encouru par les enfants, un signalement étant en cours.

Le secret professionnel en équipe pluridisciplinaire

Le travail en équipe pluridisciplinaire engage la responsabilité de chacun à l'égard du secret professionnel. Selon l'article 378 du Code pénal, l'assistant de service social est soumis au secret professionnel, comme « les médecins, chirurgiens, pharmaciens et autres personnes dépositaires par état ou profession des secrets qu'on leur confie ». Dans le domaine de l'enfance, tous les membres de l'équipe sont soumis au secret professionnel. Le Code de déontologie de l'ANAS reste très strict à ce sujet :

– article 17 : « L'assistant de service social établira des contacts avec ses différents partenaires, pratiquera avec eux les échanges d'informations strictement utiles à la poursuite de l'objectif commun » ;

– article 18 : « Le travail en équipe, quelle que soit la forme qu'il revêt, ne délie l'assistant de service social d'aucune de ses obligations envers la personne du client » ;
– article 19 : « Lorsque des informations [...] doivent être partagées ou transmises, les intéressés doivent en être informés [...] L'assistant social a l'obligation de rappeler à tous les membres de l'équipe l'indispensable devoir de discrétion. »

Dans un article sur le secret partagé à l'hôpital [1], E. Hartman et M.-F. Cotte mettent l'accent sur la nécessité de maintenir une certaine distance avec les familles d'enfants maltraités : « Les liens de proximité, générateurs de confiance, effacent l'objectivité, altèrent la communication des membres de l'équipe et peuvent gêner ou compromettre un signalement ultérieur. Le rappel est fait de la nécessaire discrétion, de la nécessaire confidentialité, de l'obligation de communiquer un élément important dont la rétention serait préjudiciable à l'enfant. » Entre maintien du secret sous couvert de déontologie ou par ignorance délibérée d'une part, et divulgation inconsidérée d'autre part, entre banalisation et dramatisation, entre suspicion systématique et refus de voir, il y a place pour le partage du secret dans le respect de la confidentialité.

Un secret de famille peut être confié à l'assistant social, au médecin, parce qu'une relation de confiance est établie ; il engage chacun face à l'éthique et à la déontologie. La question se pose en termes de professionnalisme. Est-il souhaitable, profitable, nécessaire que ce secret ou l'un de ses éléments soit partagé en équipe, même si toute l'équipe est soumise au secret professionnel ? Sa communication est-elle de nature à aider l'enfant ? Permet-elle une meilleure compréhension ? Aide-t-elle à une meilleure prise en charge de l'enfant ?

On le constate : il s'agit de prise en charge, de soins à donner, qui laissent entendre que ce dévoilement est possible. Il ne peut y avoir que des situations d'espèce ; en aucun cas, on ne peut généraliser des pratiques qui consisteraient à taire ou à révéler. L'assistant de service social doit pouvoir conserver un droit de réserve à l'égard de l'équipe dans la mesure où il ne s'agit ni d'une prise de pouvoir, ni d'un refus à s'engager, ni d'une fuite de responsabilité.

Dans certaines équipes, se pose en termes de maturité la nécessaire réflexion pour décoder des prises de positions

1. Congrès AFIREM, 1994.

diverses, des enjeux plus ou moins latents, qui vont de la complaisance aux prises de pouvoir et qui peuvent perdre de vue parfois l'objectif de soin qui leur est confié. D'autres équipes sont suffisamment matures pour qu'on ait la capacité de s'épauler, de se faire mutuellement confiance, pour que chacun se repère par rapport à son éthique, sa déontologie, sa compétence professionnelle et personnelle, et puisse en toute liberté s'interroger et interroger l'équipe afin de trouver le meilleur équilibre dans la poursuite d'un objectif thérapeutique ou social commun, en préservant la confidentialité nécessaire.

En illustration, voici deux cas dans lesquels l'évaluation de l'assistante sociale sur la transmission d'éléments confidentiels ou d'informations de nature particulière peuvent soulever un problème de déontologie.

Le premier cas est celui de Jean-Marie que nous avons déjà vu. La mère rejette l'éducatrice qu'elle juge « incapable et mauvaise ». L'assistant de service social, pris dans cette information confidentielle, ne se sent pas autorisé à dévoiler le contenu du rejet. Cette réserve, ce « non-dit » est paralysant. Ce n'est que par la suite que l'assistante de service social, plus au clair avec sa propre identification aux projections de la mère, peut partager plus sereinement le contenu ambivalent de cette demande liée à la problématique de la mère bien plus qu'à une « qualité » particulière de l'éducatrice.

Le second cas rend compte de la difficulté à partager la communication lorsque les objectifs professionnels sont de nature différente, par exemple lorsqu'ils concernent à la fois l'enfance maltraitée et les soins psychiatriques. La question d'informer ou de ne pas informer et la manière d'informer relèvent directement de la déontologie.

Tel père maltraitant fait l'objet d'un suivi par l'équipe polyvalente de secteur. Il maltraite psychologiquement la mère et les enfants, et ne reconnaît pas cette maltraitance. Un travail auprès de la mère permet de la faire accéder à la séparation, elle part en foyer d'accueil avec ses enfants. Le père, furieux, fait pression sur l'équipe de secteur pour connaître le lieu d'accueil. Plusieurs essais auprès des différents membres de l'équipe restent infructueux. Il fait alors une tentative de suicide et est admis en hôpital psychiatrique. Il demande au psychiatre de dire à l'équipe de secteur qu'il a besoin de voir sa femme. Le psychiatre prend à son compte cette demande et la formule. Culpabilisée, l'équipe s'apprête à répondre sans recul à cette demande.

La supervision permet à l'assistant social de repréciser sa position professionnelle dans la mission du service (protection de l'enfance). Il cherche la meilleure façon de transmettre l'information à la mère, afin que celle-ci réponde au souhait de son mari en fonction d'une réalité et non d'une pression. Ainsi, la position de chacun peut être clarifiée ; la réponse au psychiatre est modulée non plus sur le mode de l'injonction mais sur le mode des « possibles » de la situation.

Ces deux exemples ne sont qu'un pâle reflet des nécessaires clarifications que les assistants de service social ont à faire chaque fois qu'ils sont confrontés à la confidentialité ou à la révélation d'un secret ou de l'un de ses éléments, qui interroge leur éthique, leur compréhension, les confronte à ce qu'ils sont personnellement et professionnellement.

Chapitre 5

La supervision en service social

Tout au long de ce travail d'écriture, nous avons souhaité témoigner des moments d'angoisse et d'incertitude, mais aussi du plaisir partagé avec nos clients, avec leur environnement familial et professionnel. Nous avons tenté de proposer au lecteur les hypothèses inhérentes à ce travail, les inquiétudes, les réflexions diverses que nous n'aurions sans doute pas réussi à mener à leur terme sans le soutien apporté par la supervision en service social. « La supervision est une méthode qui consiste à favoriser le développement professionnel des travailleurs sociaux en exercice, dans le cadre de leur milieu de travail : si son but ultime est une meilleur service au client, son dispositif immédiat est l'apprentissage ou la maturation professionnelle » (M. du Ranquet).

Les attentes de l'assistante sociale en supervision

Elles sont multiples. La supervision permet à l'assistante sociale :
– de se réassurer sur l'évaluation continue de la situation à laquelle elle est confrontée, afin de pouvoir mieux poursuivre son travail ;
– d'être confortée dans son identité professionnelle par rapport au client et à ses partenaires, et de pouvoir clarifier sa position dans l'institution où elle travaille ;
– de prendre suffisamment de distance avec la situation, mais aussi avec l'équipe et les autres travailleurs sociaux ;

– de voir ses sentiments pris en compte, souvent empreints d'angoisse, de découragement, d'incompréhension face à l'environnement familial et professionnel ;
– d'être aidée à connaître les limites du champ social afin de ne pas verser dans la toute-puissance, de percevoir la dangerosité tant pour elle que pour son client ;
– d'apprendre à maîtriser la relation dans le transfert et le contre-transfert, inhérente à la complexité humaine ;
– d'être aidée à faire des liens entre la personne et son environnement familial et social ;
– d'acquérir une aptitude plus grande à remplir sa fonction d'intermédiaire entre les différents partenaires.

La réassurance

La supervision joue un rôle de réassurance de l'assistante sociale dans son travail multidimensionnel (environnement, famille, collègues, équipe, institution) facilitant la mise à distance, la reprise de confiance en soi. Une évaluation plus affinée, permet de progresser dans le travail entrepris ; les affects premiers étant dépassés, la théorisation devient possible. L'effet est apaisant ; le travailleur social n'est plus seul face à ce qu'induit la relation.

Le renforcement de l'identité

Nous avons vu le cas de M.L., à la personnalité psychopathique. Tout au long de la prise en charge, l'assistante sociale est mise à l'épreuve par le danger que présentent pour des enfants ses actes de délinquance. Elle est mise en demeure ou d'interdire ou de devenir complice : autant de positions professionnelles dans lesquelles il faut interdire sans rejeter, entendre pour limiter et comprendre. Parfois, l'assistante sociale est conduite à favoriser l'expression des sentiments des enfants, à jouer avec eux ou à les tenir près d'elle lorsque les tensions sont trop importantes. Elle n'est pas à la place de l'éducatrice ; elle doit avoir clarifié son positionnement professionnel face à l'équipe.

La supervision permet de l'aider à fonctionner, sans qu'elle se sente menacée dans sa position professionnelle. Pour ce faire, toutes les facettes de l'identité professionnelle doivent être explorées : la loi existe pour tous ; le secret professionnel engage envers la personne ; le danger est réel à l'égard des enfants. Faut-il signaler et dans quel objectif ? Quels risques encourent les enfants si l'assistante sociale ne signale pas ? Lorsque l'assistante sociale contient l'angoisse des enfants, est-ce une position éducative ou de soutien ? Quel espace l'assistante sociale peut-elle donner à la personnalité de M.L. pour qu'il continue à fonctionner sans être destructeur ? Autant de questions à remettre en perspective dans le cadre de la supervision.

En effet, auprès de qui l'assistante sociale peut-elle se sentir suffisamment écoutée, mais aussi peut-elle « s'entendre », elle, si ce n'est auprès d'un superviseur en travail social, qui à la fois écoute et comprend car ce sont des préoccupations qu'il connaît bien ? Cette confrontation n'est possible ni en équipe ni dans une dimension psychothérapeutique ; elle ne peut avoir lieu que dans un cadre avec des références professionnelles.

La distanciation

Il s'agit ici d'aider un enfant à trouver sa place dans sa famille ; le handicap moteur dont il est atteint le contraint à vivre en institution spécialisée depuis sa naissance. Ses allers et retours entre le domicile et le lieu de soins ont constamment posé problème : aucune régularité n'a pu être trouvée car ses sorties ont toujours été imprévisibles et rares. Cette situation est douloureusement vécue par la mère. Peu à peu, au cours des ans, les échanges téléphoniques ont permis une amélioration.

Stéphane a 14 ans. Il est atteint de troubles du langage et de mouvements athétosiques qui le maintiennent sur fauteuil roulant. Il ne parvient à s'exprimer que par symboles (méthode Bliss) à l'aide d'un tableau qu'il déploie sur ses genoux. L'assistante sociale tente de retranscrire le plus fidèlement possible à la mère le symbole désigné, mais aussi le non-verbal (mimiques, gestes, émotions) qui participent de l'échange, pour que soient reconnus, exprimés des sentiments, et pour que soit résolu le manque d'une relation harmonieuse entre un enfant et sa mère, souffrant d'être séparés émotionnellement l'un de l'autre.

Stéphane vient dans mon bureau pour téléphoner à sa famille. Aux questions de Stéphane, son père répond notamment : « Corinne est interne cette année. Elle se plaît beaucoup dans sa nouvelle école, elle revient le week-end. » Stéphane change soudain d'attitude. Il se met à pleurer et montre au Bliss : « Triste-sœur-père. » Sa mère prend alors le téléphone, interrompant sans s'en douter l'émotion de son fils. Le temps manque pour la traduire, s'y arrêter. Stéphane se laisse entraîner par les bonnes nouvelles que lui donne sa mère. Elle en vient à l'organisation d'un prochain week-end au domicile. Elle entend alors Stéphane réagir fortement et le refuser. Elle ne comprend pas. Le lien n'est pas fait avec l'émotion précédente. La communication téléphonique prend fin.

Au cours de la communication suivante, Stéphane sollicite lui-même la date d'un prochain week-end chez lui. Sa mère propose une date proche. Stéphane commence alors à pleurer, désignant sur le Bliss « père » ; puis il hésite sur le symbole « sœur », ne s'y arrête pas, et pointe son doigt sur « travail-où » (Son père entrevoyait un changement de situation professionnelle). Sa mère lui répond à ce sujet, mais il continue à pleurer. « Que masque-t-il ainsi ? » s'interroge-t-elle… Je ne comprends pas non plus dans cet instant, et je reste muette. Je suis envahie par des problèmes institutionnels le concernant ; il les aborde avec sa mère (orientation et fauteuil roulant), et tout se mélange avec mes propres émotions. Stéphane revient sur la question du week-end. Il le refuse, prétextant qu'il a un travail à faire. Sa mère est déçue : « Il doit mentir », dit-elle. Stéphane rougit, s'agite, lève le bras (« je le jure ») et propose une date plus éloignée. Sa mère reste avec sa déception et son incompréhension.

Au cours de ces deux échanges, le sens de l'émotion de Stéphane n'a pu être entendu. Une supervision m'aide à clarifier, à sentir la souffrance qu'il peut éprouver quand son père annonce le retour de Corinne tous les week-ends chez elle. Son émotion est probablement à l'origine de son incapacité de l'instant à envisager d'aller chez lui pour un week-end pourtant attendu et souhaité. L'évidence est là… mais je n'ai pu la saisir dans l'instant. L'échange entre Stéphane et sa mère n'a pas été facile, laissant persister des questionnements douloureux.

Ces deux entretiens téléphoniques ont entraîné une supervision significative qui m'a permis de comprendre le non-dit (parce que non « entendu ») de la souffrance de ce jeune.

Les sentiments d'angoisse

Dans les situations de Brigitte et de Colette, les difficultés de l'assistante sociale venaient des angoisses ressenties lors de moments-clés. Dès les premiers pas effectués hors de la structure hospitalière sécurisante, Brigitte exprime le « désir d'en finir ». Il est important que l'assistante sociale puisse avoir un lieu de parole où décharger ses propres émotions, ses peurs, et retrouver une « force tranquille » suffisante pour accompagner la jeune femme dans l'éprouvante confrontation à la réalité quotidienne : solitude dans sa vie personnelle, reprise du travail dans un milieu qui ne « comprend » pas toujours ce qui se passe.

Dans le cas de Colette, il s'avère tout aussi important de pouvoir clarifier ce que ressentent collègues, chef de service, famille, face à cette jeune femme habitée par l'angoisse, de comprendre leurs craintes de la voir se détruire, les peurs qu'induit l'ampleur de ses demandes affectives : comment l'aborder ? Quel travail lui confier ? Quelle attitude adopter à son égard ?

La supervision, en permettant la mise à plat, offre une forme de compréhension à la fois de l'usager et de son environnement familial et professionnel. L'assistante sociale dépose sa propre angoisse et devient plus disponible pour aider l'usager et travailler avec son environnement. « Dans ce travail avec “l'entourage”, les autres personnes avec qui l'assistante sociale entre en contact deviennent en quelque sorte des “clients accessoires” auprès de qui elle applique sa méthode de travail. Elle va essayer de comprendre ce qui motive leurs attitudes, les difficultés de rapport qui existent entre eux et l'usager, leur donnant l'occasion de s'exprimer à ce sujet, leur permettant de manifester leurs sentiments [1]. »

C'est ce qui peut être réalisé auprès des collègues de travail de Brigitte à son retour de clinique, mais aussi auprès du chef de service de Colette et de l'inspectrice lors des décisions à prendre concernant sa réintégration après sa « longue maladie ». « Il y a là une application directe des principes de la relation d'aide qui montrent à l'assistante sociale l'importance qu'il y a à ne pas reprocher aux personnes qui entourent l'usager leurs attitudes à son égard, à ne pas prendre parti pour lui, mais à se mettre au contraire à leur disposition pour les aider avec les difficultés qu'ils peuvent éprouver dans leur relation avec lui [2]. »

---

1. Myriam David, *Aide psychosociale*, Paris, PUF, p. 44.
2. *Ibid.*

Ainsi, les tensions diminuent, les relations entre l'usager et sa famille ou son milieu professionnel deviennent plus faciles et favorisent une évolution positive de la situation. La notion de reconnaissance, de revalorisation de la personne dans son statut et dans son rôle est ici sous-tendue. Ne sommes-nous pas au cœur de toute relation humaine en travail social ?

L'assistante sociale et la toute-puissance

C'est plus particulièrement le cas de Brigitte qui souhaite que l'assistante sociale puisse devenir « toute-puissante », ce qui peut se comprendre à la lumière d'une relation symbiotique, caractéristique des psychotiques. En effet, Brigitte attend beaucoup de l'assistante sociale qui répond à ses difficultés à vivre la réalité de sa situation. D'où les nécessaires questions que doit se poser l'assistante sociale, d'une part à l'égard de Brigitte : qu'est-ce qui est bon et indispensable pour Brigitte ?, d'autre part à son propre sujet : comment se positionne-t-elle dans son désir ? Qu'est-ce qui est important pour elle-même ? Ce travail peut être effectué dans le cadre de la supervision et dans la rigueur de l'évaluation en « service social ». L'assistante sociale examine avec le superviseur, les réponses qu'elle fait à son client. La réflexion sur sa pratique la conduira à percevoir la tentation et le désir de « toute-puissance », à mesurer ce qu'il en est de ses propres désirs, de ses propres besoins, et à être, de ce fait, plus vigilante dans ce qu'elle met d'elle-même dans la relation d'aide.

Le transfert en service social

En service social, la notion de « situation transférentielle » est liée à la qualité de la relation établie avec le client. Cette relation, à visée thérapeutique, s'appuie sur des éléments de la réalité ; la situation transférentielle n'est pas interprétée. La relation établie peut faire revivre des images du passé ; l'assistante sociale doit alors pouvoir repérer qu'il s'agit bien de représentations et non de situations réelles, qu'il s'agit bien d'éléments de transfert, sans les expliciter pour autant à son client. Elle apprend à repérer et à utiliser la situation de transfert. C'est pourquoi elle doit avoir appris à « manier » la relation et avoir fait un travail sur soi.

Jean-Marie a permis que M. et Mme H. considèrent l'assistante sociale comme une personne signifiante. Mme H. a un transfert plutôt positif à l'égard de l'assistante sociale, ce qui favorise l'identification. Parfois elle éprouve des sentiments violents qui l'angoissent. L'assistante sociale lui raconte une anecdote la concernant avec ses propres enfants : des sentiments de grande colère et des envies de meurtre... Bien sûr, tout cela ne l'avait qu'effleurée, mais avoir pu penser des choses pareilles l'avait terriblement culpabilisée.

Mme H. est soulagée de constater que l'assistante sociale ait pu exprimer de tels sentiments hostiles sans pour autant avoir tué ses enfants ou les avoir détestés pour toujours. Elle a demandé à plusieurs reprises à l'assistante sociale de lui raconter la même histoire ; à chaque fois, elle y trouve l'apaisement et une plus grande capacité à supporter sa propre violence.

À propos de cette anecdote, madame Irvine, professeur de service social à l'université d'York écrit : « L'assistante sociale a sans doute montré à Mme H. que l'on pouvait ressentir de la haine sans agir la haine. Elle a été soulagée de savoir que vous aussi la sentiez et l'exprimiez sans dommage [...]. Mais de comprendre aussi, à travers notre expérience, que l'on peut avoir des impulsions aussi violentes sans passer à l'action [...]. Vous êtes capable de les avoir sans inquiétude que cela puisse se traduire en action, et sans honte [...]. Partager avec elle sur votre vie personnelle, c'est un don important, une marque de confiance, c'est aussi un échange. Elle vous a tellement raconté sa vie à elle, ses problèmes, ses faiblesses. En vous identifiant à sa nature coléreuse, vous l'invitez à s'identifier à votre maîtrise de la colère ou bien à l'acceptation de votre faiblesse et à votre capacité de réconciliation [...]. Vous ne dites pas si votre colère a éclaté, vous dites seulement que vous l'avez ressentie. »

Bien d'autres exemples pourraient montrer comment l'assistante sociale s'appuie sur la relation nouée entre elle et le client pour le faire avancer dans la compréhension de ses affects, et se démarquer d'une situation conflictuelle liée aux images du passé réactivées dans la situation présente. La relation de confiance s'établira d'autant mieux si l'assistante sociale a suffisamment travaillé ses propres émotions pour ne pas être en collusion avec les émotions de son client. Si elle ne parvient pas à délimiter ce qui est d'elle dans la relation au client ou ce qui est du client dans ce qu'elle éprouve elle-même, il lui faut pouvoir trouver des lieux privilégiés ou des instances professionnelles pour se démarquer et renouer avec ses objectifs professionnels. Parmi les formes de mise à distance, il suffit de citer les réunions de synthèses, le travail écrit sur la situation, l'échange avec les collègues. La supervision reste l'outil privilégié de ce travail de clarification et de distanciation.

Repérage, identification, développement des liens professionnels

Dans l'aide apportée à Michèle, la supervision permet d'entendre le vécu de sa mère ; ce faisant, de pouvoir la supporter, et ainsi préserver le lien entre elles. Sans la mise au jour de son passé douloureux, elle serait restée une mère insupportable, voire intolérable. C'est la prise en compte de ces liens qui a permis l'accompagnement et évité que des conflits ne surgissent entre la mère durement éprouvée dans la vie, la fille affaiblie par la maladie et l'assistante sociale angoissée par la situation. Le lien qui peut être fait entre le vécu passé et actuel permet que chacun trouve sa place : la fille a besoin de sa mère, la mère a besoin de sa fille, et chacune sauvegarde ses propres besoins.

Dans le cas de Robert, c'est de prendre connaissance de son passé d'orphelin qui permet de relier les événements l'ayant conduit à devenir éthylique. L'assistante sociale peut faire le lien avec l'image maternelle qui a fait défaut. Robert rencontre une amie qui « veut qu'il soit sobre », une assistante sociale rassurante et structurante qui l'accepte tel qu'il est. Cela lui permet d'accéder aux soins, au travail, et de s'ouvrir à un environnement plus élargi.

Les personnes nous amènent souvent les problèmes et les événements de leur vie de manière séparée, comme si chaque épisode avait une existence propre. Le travail de l'assistante sociale est d'aider la personne à trouver et à reconstruire les liens. Aucun problème n'est isolé : il y a un avant et un après, un sens ; permettre à la personne de trouver ce sens, c'est la faire avancer dans la compréhension de son problème. Lorsque l'assistante sociale reçoit une personne, elle doit l'aider dans ses différentes difficultés et faire avec elle un travail de reconnaissance des liens, en tenant compte de son rythme.

La supervision aide l'assistante sociale à prendre la distance pour repérer les liens et aider son client à s'approprier son histoire. Un client pris en charge par une équipe pluridisciplinaire livre, suivant son identification aux différents membres de l'équipe, plusieurs facettes de lui-même. L'assistante sociale peut alors mettre en relation tous ces aspects et ainsi prendre en compte la globalité de sa personne.

Le rôle intermédiaire de l'assistante sociale

Ce rôle a été longuement analysé dans l'histoire de Colette et de sa réinsertion socioprofessionnelle.

La supervision permet à l'assistante sociale d'avoir une meilleure compréhension de la relation d'aide, ce qui lui est nécessaire pour s'inscrire dans une dimension « d'intermédiaire » avec la famille et l'environnement socioprofessionnel. Elle permet aussi de bien voir si le problème familial résulte des difficultés relationnelles, si chacun a un problème avec autrui. « Cela conduit l'assistante sociale à comprendre que l'ensemble des comportements et des attitudes de chacun est à la fois résultante et promoteur d'équilibre ou de conflits » (Myriam David). Ainsi l'assistante sociale pourra mener à la fois une action individualisée auprès du client avec lequel elle a « mission » de travailler, et une action plus élargie sur les groupes auxquels il appartient, qu'il s'agisse de groupe familial ou socioprofessionnel, dans l'objectif d'une meilleure intégration sociale.

Cadre de la supervision et méthodologie

Pendant la durée des supervisions, une relation s'établit entre deux acteurs, des liens se créent en rapport avec un cadre institutionnel, une structure qui administre et qui gère. Le supervisé exerce son métier dans un service, une institution, de même que le superviseur est un professionnel, avec ses exigences propres. C'est avec son service employeur que l'assistante sociale demande à bénéficier des supervisions et négocie « l'accord ». La relation s'instaure entre le supervisé et le superviseur et chacun d'eux s'engage à respecter les termes du « contrat ». Le dispositif sera adapté en fonction des objectifs à atteindre, et organisé : lieu où il se déroule ; rythme et durée dans le temps ; matériel apporté par le supervisé concernant sa pratique professionnelle.

Le cadre ayant été ainsi posé, il reste à déterminer avec quels outils le superviseur va aborder la supervision. Les

superviseurs doivent mettre en place des modes de soutien appropriés aux pratiques actuelles des assistantes sociales, tant dans l'aide individuelle que pour les relations qu'elles entretiennent avec leurs partenaires administratifs et sociaux. Cela suppose :
– un soutien dynamique et attentif toutes les fois que cela est nécessaire ;
– une coévaluation avec l'assistante sociale de ses ressources, de ses moyens en rapport avec les exigences de la profession ;
– un diagnostic psychosocial rigoureux auquel la praticienne est associée pour l'utiliser au mieux dans son action.

Le but essentiel de la supervision est d'aider le supervisé à devenir capable d'évaluer son propre travail, comme s'il était un observateur extérieur, c'est-à-dire de pratiquer une *auto-évaluation* systématique. Le superviseur doit donc repérer et renforcer les capacités de l'assistante sociale.

1. Face aux usagers

Sa formation et son expérience face aux usagers ont rendu l'assistante sociale apte à écouter, à observer, à établir une relation d'aide. Le superviseur va aider l'assistante sociale à réactualiser et à développer ses capacités, à reconnaître les différents besoins des personnes en conflit, à comprendre la signification de certains comportements, à confirmer sa capacité à reconnaître les éléments du passé qui ont une influence sur le présent. C'est ainsi que peut s'installer et se développer une relation chaleureuse d'écoute. Les hypothèses de travail peuvent être revues ; la relation se structure ; le client peut choisir la solution la meilleure et la réaliser. L'assistante sociale est capable de bâtir un plan d'aide réaliste, de comprendre la valeur de la relation, d'utiliser l'environnement d'une manière constructive. Elle peut faire un diagnostic des forces et des faiblesses en jeu. Elle est consciente du rôle qu'elle joue dans la vie du client, de ce qu'elle représente pour lui, et conceptualise ses actions. Elle est alors en mesure de progresser dans son évaluation et de mieux appréhender la situation à laquelle elle est confrontée ; elle voit la famille comme une unité, même si un seul membre est suivi. Elle perçoit mieux le contexte socioculturel de la famille dans son présent, son passé, son devenir. Elle prend la mesure des différents ressentis des membres compte tenu de leurs interactions.

Le superviseur et l'assistante sociale sont conduits à une évaluation constante du cheminement de la relation établie avec le client.

2. Face aux collègues

En supervision, les travailleurs sociaux peuvent aborder des situations complexes. Parmi celles-ci, les rivalités réactualisées par des champs professionnels d'intervention très proches sont un réel problème. La supervision permet une distanciation qui favorise le repérage des objectifs communs et des moyens spécifiques.

3. Face aux institutions

Le superviseur se préoccupe de la façon dont l'assistante sociale se perçoit à la place où elle travaille. En priorité, il s'agit de pouvoir faire préciser au supervisé les objectifs, les missions du service qui l'emploie, afin qu'il soit au clair sur l'aide à proposer à son client. Il faut aussi l'aider à trouver ou à retrouver sa place : celle qui lui est donnée, et celle qu'il peut négocier. Grâce à cette instance, l'assistante sociale peut se sentir mieux. Étant plus à l'aise, elle pourra mieux se positionner dans son rôle et dans sa fonction afin d'élaborer un travail en synergie avec les autres partenaires de son institution. Lorsque l'assistante sociale peut reconnaître de quelle liberté elle dispose dans son institution, elle se perçoit comme acteur dans sa propre profession, donc responsable et capable d'impulser le changement.

4. Face à lui-même

Au-delà de sa formation spécifique et de son expérience, le superviseur rencontre ses propres limites qui le maintiennent dans la nécessaire distanciation et dans la recherche d'une clarification permanente nécessaire.

Conclusion

Le groupe de travail qui nous a réunies ici nous a amenées à reprendre ensemble les situations que nous avions suivies, afin de les interroger à nouveau, avec le recul du temps. Nous avions en commun une méthodologie d'intervention, c'est ce qui nous a permis une cohérence de travail. Néanmoins, nous restons convaincues que d'autres approches auraient probablement donné des changements, des modifications comparables.

Nous avons tenté de poser les possibles mais aussi les limites, les difficultés de la relation d'aide en service social. Nous mesurons les lacunes et toute la portée des interrogations qui subsistent, notamment au regard des questions cruciales que pose l'évolution de la société, et des multiples manifestations du processus d'exclusion sociale, du chômage, de la précarité, de la violence. Une certitude émane malgré tout : dans chaque situation, nous avons pu constater une évolution vers une meilleure qualité de vie. Nous considérons de ce fait que ce pari d'aide peut être tenu, moyennant toutefois certains conditions : il est primordial que les services employeurs donnent aux travailleurs sociaux le temps et les moyens pour suivre une formation continue, afin qu'ils puissent, dans un lieu neutre, parler de leur pratique et se distancier des problèmes. Ces conditions sont nécessaires pour une prise de recul, une meilleure compréhension de la situation et une plus juste mise en œuvre de leur propre manière d'être aidant.

Durant ce travail d'écriture, nous avons beaucoup pensé à nos collègues assistants sociaux de secteur, dont la tâche aujourd'hui s'est considérablement alourdie. Comment, en effet, être professionnels face aux demandes multiples qui affluent au service social, lorsque le temps imparti se réduit à l'instant, à l'immédiateté ? Comment, dans ce laps de temps, établir un lien, repérer le sens de la demande, comprendre ce que ressent la personne, comment elle-même prend en compte ses difficultés si on ne lui en donne pas les moyens ? Si le temps se réduit à l'instant, c'est l'immédiateté qui devient l'essentiel et fait perdre son sens au temps ; c'est l'instant qui devient important. La contraction du temps amène le collage à l'image, c'est l'absence d'histoire.

Pour pouvoir réaliser ces accompagnements sur du long terme, nous sommes conscientes que le temps a été un facteur important qui a permis de redonner vie à l'histoire des personnes. Pour se sentir exister, pour devenir sujet, les personnes doivent pouvoir accéder à leur passé dans le présent, afin d'envisager le futur. C'est une nécessité humaine, pour pouvoir se réapproprier sa vie, réhabiliter son moi, et ainsi dépasser le déterminisme social. « La modernité, la mondialisation, le monde virtuel sont des concepts qui visent au conformisme social. L'humain ne peut être qu'original, unique ; il ne peut se résumer sous peine de disparaître » (Couleau, anthropologue).

La fonction du service social lui assigne une place à occuper, à défendre ; il est le moteur de la réhabilitation de soi, exigence socialisante où se trouvent en germe la capacité à se mobiliser et à vouloir changer. Nous posons ce postulat que nous avons fait nôtre : « Avoir en soi la certitude que l'être humain a les capacités d'évoluer vers la santé », dans le sens définit par Winnicott : « La santé, c'est donc la maturité affective, la maturité par rapport à l'âge, et la mauvaise santé mentale cache toujours un blocage du développement affectif. La pulsion vers la maturation persiste, et c'est elle qui pousse à la guérison et à l'autoguérison si l'on n'y a pas d'aide extérieure. C'est elle qui sous-tend le "processus" sur la réapparition duquel on peut compter, à condition de fournir un environnement favorable, bien adapté aux besoins immédiats suivant le stade de maturation de l'individu. C'est là que le travailleur social entre en jeu d'une manière constructive [1]. »

Au terme de ce travail, nous nous sentons plus fortes et véritablement enrichies par l'intensité des réflexions engagées. De nombreuses avancées ont été perçues à cette occasion et nous restons imprégnées et vivifiées par les échanges confraternels qui ont jalonné nos rencontres.

---

1. D.W. Winnicott, *Processus de maturation chez l'enfant*, Paris, Payot, p. 206.

Bibliographie

AIN, J. 1994. *Violences. Rracines ou destins des pulsions*, éres

AMADO, G. *De l'enfant à l'adulte*, PUF, coll. « Le fil rouge ».

AUBERT-PAGES. 1989. *Le stress professionnel*, coll. « Rencontres dialectiques ».

BADIOU, A. 1993. *L'éthique*, Essai sur la conscience du mal, Hatier.

BALINT, M. 1979. *Le défaut fondamental*, Petite bibliothèque, Payot.

BERGERET, J. 1994. *La violence et la vie*, Payot.

BERGERET-AMSELEK. 1999. *Le mystère des mères*, GLM.

BETTELHEIM, B. 1971. *Les enfants du rêve*, R. Laffont.

BETTELHEIM, B. 1974. *La forteresse vide*, Gallimard.

BETTELHEIM, B. 1976. *Le cœur conscient*, R. Laffont.

BETTELHEIM, B. 1977. *Psychanalyse des contes de fées*, R. Laffont.

BIESTEK, F. P. 1990. *The Casework Relationship*, Unwin Hyman.

BONNET, C. 1999. *L'enfant cassé*, Albin Michel.

CAMDESSUS ; KIENER. 1993. *L'enfant violenté*, ESF.

CASTETS, B. 1976. *Souffrance de l'esprit*, Privat.

CHAILLOU, P. 1989. *Mon juge*, Pres au clers.

CHEVREUSE, C. 1979. *Pratiques inventives du travail social*, Éditions ouvrières.

DAVID, M. 1954. « L'enfant de 0 à 2 ans », *L'aide psychosociale.*

DAVID, M. 1992. *Winnicott – Introduction à son œuvre*, Wallbridge David, PUF.

DELAISI, G. 1997. *La part de la mère*, Odile Jacob.

DUQUESNE, C. 1995. *Journal d'une assistante sociale*, Syros.

DU RANQUET, M. 1975. « L'aide psychosociale », *La supervision en travail social*, Privat.

FERENCZI, S. 1985. *Journal clinique*, Payot.

Fino-Dhers, A. 1999. *Assistantes sociales : un métier entre indétermination et technicité,* L'Harmattan.
Forwards. 1991. *Parents toxiques*, Stock.
Fraiberg, S. 1999. *Les fantômes dans la chambre d'enfant*, PUF, coll. « Le fil rouge ».
Freud, S. 1971. *Choix de textes*, Masson.
Freud, S. 1974. *Psychopathologie de la vie quotidienne*, Payot.
Freud, S. 1995. *Cinq leçons de psychanalyse*, PBP.
Freud, A. 1996. *Les mécanismes de défense*, PUF.
Gabarini, J. 1999. *La relation d'aide en travail social*, ESF.
Gomez, H. 1993. *La personne alcoolique*, Pratiques sociales.
Graig, S. 1979. *L'enfant de la peur*, Mercure de France.
Groddeck. 1977. *Le livre du ça*, Gallimard.
Hamilton, G. 1972. *Théorie et pratique du case work*, École psychologique et sociale interrégionale.
Hennezel (de). *La mort au quotidien*, Marie.
Karlin, D. ; Lainé, T. 1978. *La mal vie*, ESF.
Klein, M. 1974. *Essai de psychanalyse*, Payot.
Klein, M. 1979. *L'amour et la haine*, PBP.
Kreisler, 1981. *L'enfant du désordre psychosomatique*, Privat.
Laborit, H. *Éloge de la fuite*, Folio et Essais.
Lamuniere, M. C. 1998. *Vulnérabilités parentales*, Médecine et hygiène.
Lebbe Berier, P. 2007. *Supervision éco-systémiques en travail social*, érès.
Le Bihan, C. 1977. *Les grands problèmes de l'éthique*, Le Seuil.
Leclaire, S. 1981. *On tue un enfant*, Points.
Lispecor. 1989. *Liens de familles*, Des femmes.
Malher, M. 1982. *Psychose infantile*, Petite bibliothèque, Payot.
Masukhan. 1979. *Le soi caché*, Gallimard.
Mauss, M. 1973. *Sociologie et anthropologie*, PUF.
Mead, M. 1979. *Le fossé des générations des années soixante-dix*, Denoël.
Memmi, A. 1998. *Le buveur et l'amoureux*, Arléa.
Mendel, G. 1978. *La révolte contre le père*, Petite bibliothèque, Payot.
Mijolla (de). 1982. *Les visiteurs du moi*, PUF.
Mijolla (de). 1982. *Les mots de Freud*, Hachette.
Mijolla (de). *Pour une psychanalyse de l'alcoolisme*, Petite bibliothèque, Payot.
Moigno. 1986. *Les adultes malades de leurs enfants*, Garancière.
Naouri, A. 1998. *Les filles et leur mère*, Odile Jacob.
Olivier, C. 1998. *L'ogre intérieur*, Fayard.
Oraison, M. 1967. *Devant l'illusion et l'angoisse*, Fayard.

PERRETTI (DE). 1967. *Liberté et relations humaines*, EPI.
PERRETTI (DE). 1972. *Pensées et vérités de Carl Rogers*, Privat.
PERRETTI (DE). 1998. *Présence de Carl Rogers*, érès.
PUENTE, M. (de la). 1970. *Carl Rogers : de la psychothérapie à l'enseignement*, EPI.
PUYUELO, R. 1980. *L'anxiété de l'enfant ou le bonheur difficile*, Privat.
RANK, O. 2002. *Traumatisme de la naissance*, Petite bibliothèque Payot.
RIALLAND, C. 1995. *Cette famille qui vit en nous*, Marabout.
RIMBAULT, G. 1984. *L'enfant et la mort*, Privat.
ROGERS, C. 1968. *Le développement de la personne*, Dunod.
ROGERS, C. 1970. *La relation d'aide et la psychothérapie*, Éditions sociales francaises.
ROGERS, C. 1971. *Auto biographie*, EPI.
ROGERS, C. 1973. *Les groupes de rencontre*, Dunod.
ROGERS, C. 1974. *Réinventer le couple*, R. Laffont.
ROGERS, C. 1976. *Liberté pour apprendre ?* Bordas.
ROGERS, C. 1979. *Un manifeste personnaliste*, Dunod.
ROGERS, C. ; KINGET, G. 1962. *Psychothérapie et relations humaines*, Replications universitaires de Louvain.
ROUYER, M. 1986. *L'enfant violenté*, Païdos, Centurion.
RUPP, M. A. 1970. *Le travail social individualisé*, Privat.
SEARLES, H. 1981. *Le contre-transfert*, NRF.
SEARLES, H. 1981. « L'effort pour rendre l'autre fou », *Connaissance de l'inconscient*, Gallimard.
SITTERLIN. 1999. *La violence*, Quintette.
SNYDERS. 1980. *Il n'est pas facile d'aimer ses enfants*, PUF.
SOULÉ, M. 1975. *Mère mortifère, mère meurtrière, mère mortifiée*, ESF, collection « Des milieux éducatifs de l'enfant ».
THORNE, B. 1992. *Comprendre Carl Rogers*, Privat.
TISSERON, Y. 1986. *Du deuil à la réparation*, Des femmes.
TRAVAIL SOCIAL. 1981. *Contrôle social*, ANAS, ESF.
WINNICOTT. 1975. *De la pédiatrie à la psychanalyse*, Payot.
WINNICOTT. 1978. *Jeu et réalité*, Gallimard.
WINNICOTT. 1978. *L'enfant et sa famille*, Petite bibliothèque, Payot.
WINNICOTT. 1980. *L'enfant et la monde extérieur*, Payot.
WINNICOTT. 1980. *Processus de maturation chez l'enfant*, Payot.
WINNICOTT. 1988. *Conversations ordinaires*, NF Gallimard.
WINNICOTT. 1994. *Déprivation et délinquance*, Petite bibliothèque, Payot.
WINNICOTT. 1995. *Conseils aux parents*, Petite bibliothèque, Payot.
WOODS, M. ; HOLLIS, F. 1990. *Casework. A psychosocial therapy*, Mc Graw-Hill.

Revues

AFIREM, Éditions Karthala : 1990, « Secret maintenu, secret dévoilé » ; 1990, « À propos de la maltraitance ».

L'ARC, Gallimard : n° 78, « Groddeck » ; n° 69, « Winnicott ».

Carnets de FARE, « Des paradoxes aux possible », département Travail social, journée d'études du 2 octobre 2007, disponible à FARE : 05 61 12 21 43. email : association.fare@free.fr

Empan, érès ; n° 54, 2004, « Espace du social et du soin ».

Études et documents de l'ANAS : 1970, « La déontologie en service social » ; 27e congrès, « Le service social : ses fondements théoriques ».

Revue française de service social : 1978, n° 120, « La supervision » ; 1983, n° 136, « Structure éthique technique » ; 1984, « L'enfant maltraité, signes d'alarme » ; n° 138, « Concepts en service social » ; 1986, « Aspect juridique et technique » ; n° 148, 149, 186, « Secret et discrétion ».

Table des matières

Remerciements

à l'équipe pédagogique de l'ATFAS qui a contribué à notre formation ;

à l'équipe pédagogique de FARE (en partenariat avec l'IRFSES) qui a permis une nouvelle formation de superviseur ;

à Écho Saint-Simon et à l'ATFAS, partenaires de la formation à la « clinique avancée »
– Maurice Capul pour son encouragement à écrire ce livre,
– Rémy Puyuelo que nous remercions pour son enseignement et son soutien chaleureux ;

à Simone Arcizenski (superviseur), au Dr M. Ruel et au Dr Miedzyrzecki, qui ont bien voulu assurer une première lecture et formuler des critiques constructives ;

à nos collègues pour leur amical soutien sur le long cours.

Toute notre reconnaissance aux deux personnes qui nous ont apporté une aide précieuse dans la réalisation matérielle de cet ouvrage.

Déjà parus dans la collection « Pratiques du champ social »

Sous la direction de Stéphane Tessier
Familles et institutions : cultures, identités et imaginaires

Jean-Yves Dartiguenave et Jean-François Garnier
Un savoir de référence pour le travail social
Réédition actualisée de « L'homme oublié du travail social »

Gérard Neyrand et Patricia Rossi
Monoparentalité précaire et femme sujet

Dominique Mabilon-Bonfils
L'invention de la violence scolaire

Chantal Picod
Sexualité : leur en parler, c'est prévenir

Anne-Marie Bernard, Josette Demmou, Veronica Gargan, Michèle Girardet, Geneviève Jolicoeur et Charlotte Perie
La relation d'aide en service social

Sous la direction de Alain Bercovitz
Accompagner des personnes en deuil
L'expérience du centre François-Xavier Bagnoud

Jean-Yves Dartiguenave et Jean-François Garnier
L'homme, oublié du travail social
Construire un savoir de référence

Pascal Hachet
Psychologue dans un service d'aide aux toxicomanes

Philippe Mosse
Le lit de Procuste
L'hôpital : impératifs économiques et missions sociales

Bernadette Bonamy
Les défis de la travailleuse familiale
Entre travail social et services de proximité

Sous la direction du Centre d'histoire du travail
Mémoire des solidarités.

Michel Floro
Questions de violence à l'école

Annick Chemin, Lydia Drouet, Jean-Jacques Geoffroy, Marie-Thérèse Jezequel, Annie Joly
Violences sexuelles en famille

Hugues D'heilly, Jean-Philippe Sorriaux
De l'insertion à l'autonomie